GARDASEE

DAS KOCHBUCH

Collection Rolf Heyne

MONIKA KELLERMANN

GARDASEE

DAS KOCHBUCH

FOTOGRAFIE: ERICA PETRONI · THILO WEIMAR

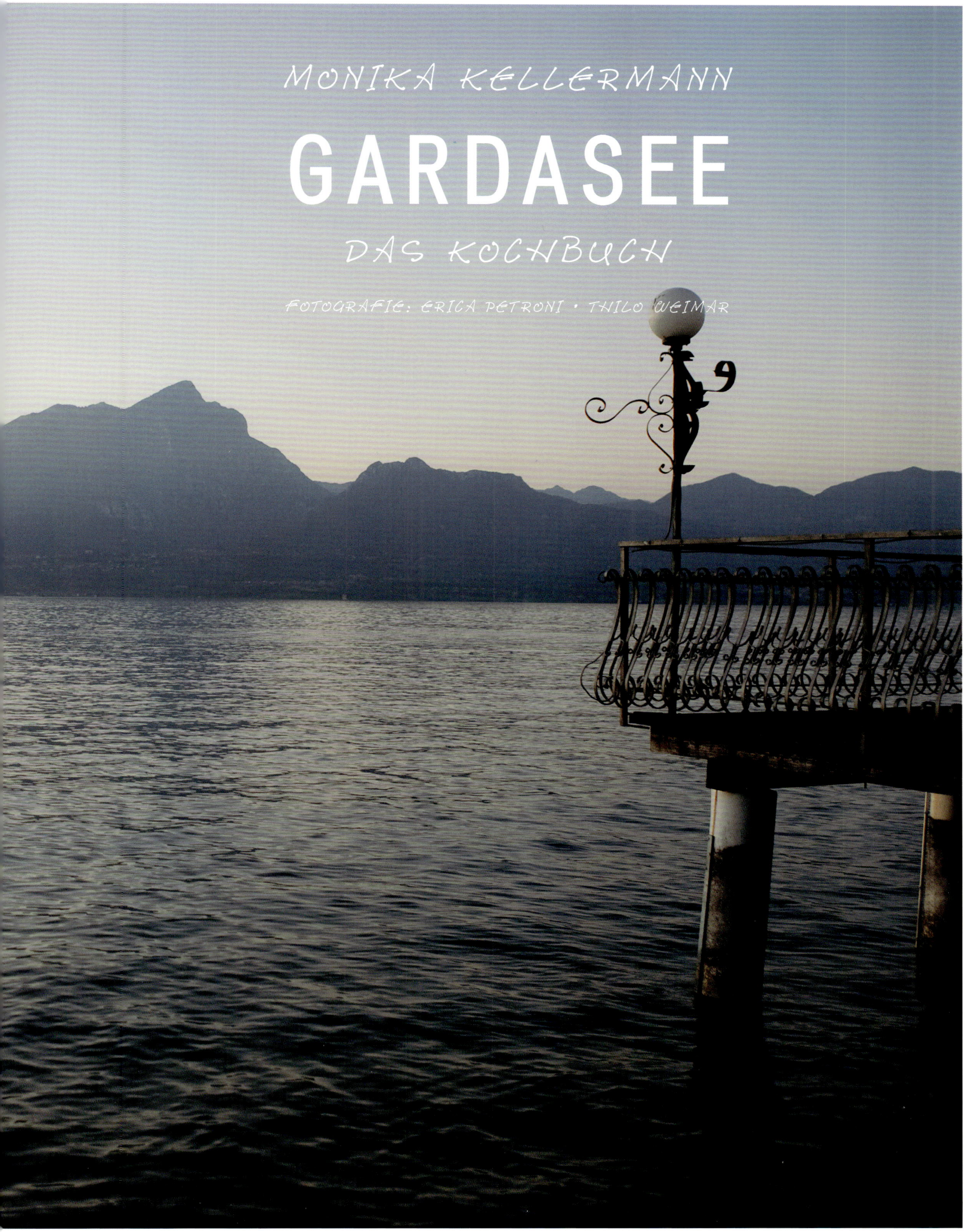

COLLECTION ROLF HEYNE

OSTERIA
12

INHALT

RISTORANTE
ALLA

VORWORT

Noch ein Kochbuch werden sich einige fragen? »Ja«, sage ich, »denn die *cucina gardesana* ist nicht nur köstlich, sondern variantenreich und das macht sie entdeckenswert.« Das spannende an der Gardaseeküche ist die Vielfalt, die bedingt ist durch die drei Regionen, die sich um den größten See Italiens schmiegen. Auf die Frage nach meinem Lieblingsgericht am Gardasee antworte ich immer: »Kommt darauf an, ob ich im Trentino, im Veneto oder in der Lombardia bin.« Obwohl es auf den ersten Blick so aussehen mag, dass sich die *piatti* ähneln, erkennt man beim genauen Betrachten wesentliche Unterschiede. Zum Beispiel bei der Polenta: Es gibt sie in allen drei Provinzen, aber im Trentino ist sie grobkörnig und eher rustikal, im Veneto ähnelt sie in der Konsistenz fast einem Kartoffelpüree und in der Lombardia ist sie wieder etwas grobkörniger und man isst sie meist in Scheiben geschnitten und auf dem Grill geröstet.

Seit zehn Jahren verbringe ich viel Zeit in meinem Domizil, nahe Lazise, und gehe Jahr für Jahr für meinen Restaurantführer »Kulinarische Entdeckungen am Gardasee« auf Entdeckungspirsch nach neuen Ristoranti, Osterie und Trattorie und habe dabei den Küchenchefs so manches Geheimnis entlocken können. Viele der köstlichen regionalen Gerichte habe ich interpretiert, die sich vor allem in der üppigen Verwendung frischer Kräuter unterscheiden. Denn, eines ist mir immer noch ein Rätsel: Wieso geht man hier mit Rosmarin, Thymian & Co. so sparsam um? Meterlange Rosmarinhecken, mannshohe Lorbeersträucher und saftige Basilikumpflanzen, dass wir vor Neid nur so erblassen können, und dann sehe ich zu, wie *lo chef* ein Zweiglein Rosmarin in den Braten gibt, als wäre es das Kostbarste der Welt! Erst allmählich beginnen kreative Köchinnen und Köche diese wunderbaren Geschenke der Natur mehr und mehr zu verwenden.

Um Ihnen die Typizität der Regionen näherzubringen, bat ich die Kochprofis Ada Riolfi für das Veneto, Mario Zini für das Trentino und Enrico Pellegrini für die Lombardia ein klassisches Menü für Sie zu kreieren. Die weiteren Rezepte sind nach *antipasti, primi, secondi* und *dolci* geordnet. In der Fußnote sehen Sie, ob sie typisch für Trentino, Veneto oder Lombardia sind.

Da die beste Voraussetzung für den Wohlgeschmack eines Gerichtes die Produkte sind, finden Sie zwischen den Rezepten Beschreibungen der regionaltypischen Lebensmittel sowie Adressen guter Spezialitätenläden. Und was wäre ein feines Essen ohne den passenden Wein? Nur einen Steinwurf vom Seeufer entfernt reiht sich eine Weinregion an die andere und bietet dem Genießer eine unglaubliche Vielfalt feinster Tröpfchen. Ich verrate Ihnen aber nicht nur Rezepte, sondern dazu immer eine Geschichte, denn wenn man weiß, wie das Gericht entstand, von welchem Koch es stammt oder für welches Gebiet es typisch ist, dann schmeckt es gleich noch besser!

Gardaseeurlauber sind meist Wiederholungstäter! Wer einmal hier war, kommt immer wieder. Wenn es aber Ihre Zeit nicht erlaubt, Urlaub zu machen, dann kochen Sie einfach mal zu Hause Köstliches vom Gardasee und trinken den passenden Wein dazu. Viele genussvolle Stunden mit der mediterranen *cucina gardesana* wünscht Ihnen
Ihre Monika Kellermann

TRENTINO

Mario Zini vom Ristorante »La Scala« in Hamburg wurde 2010 von der Zeitschrift »Prinz« zum besten Italiener Hamburgs gekürt. Zu Recht, wie ich meine, aber nicht deshalb hat er das Trentino-Menü kreiert. Mario deshalb, weil er im Trentino geboren und am Gardasee aufgewachsen ist, weil er hier in seinem herrlich renovierten Haus die wenige Freizeit verbringt und vor allem, weil er nicht nur ein großartiger Koch ist, sondern ein ganz lieber Freund.

11

MENÜ AUS DEM TRENTINO VON
MARIO ZINI

RISTORANTE "LA SCALA", HAMBURG

Mario Zini kenne ich seit etwa 15 Jahren. Ich organisierte damals einen Presse-Event für die Weinregion Trentino in Hamburg. Und da Mario ein gebürtiger Trentiner ist und mir Hamburger Kollegen bestätigten, dass man bei Mario sehr gut isst, war die Wahl des Restaurants einfach. Und ich war vom ersten Augenblick an begeistert: ein apartes Ristorante zum Wohlfühlen und hinzu kam eine nicht auf den deutschen Geschmack abgestimmte Italo-Küche. Bei Mario steht das Produkt im Vordergrund und deshalb lässt er es sich zum Beispiel auch nicht nehmen, unter anderem im Dezember selbst ins Piemont zu fahren, um seine Trüffel vor Ort auszuwählen. Die gute Küche vereint mit dem von Herzen kommenden Service waren auch der Grund, weshalb er 2010 von der Zeitschrift »Prinz« zum besten Italiener Hamburgs gewählt wurde.

Wann immer ich in Hamburg bin, freue ich mich darauf, bei ihm zu essen. Aber noch mehr mag ich es, wenn Mario, der am Gardasee aufgewachsen ist, in seinem wunderschön restaurierten Haus in Albarè kocht. Seine gemütliche und dennoch mit allen technischen Raffinessen ausgestattete Küche ist für jeden leidenschaftlichen Koch ein wahres Paradies.

Hinzu kommt Marios legendäre Gastfreundschaft! Ich kenne keinen, der Gäste – ob im Restaurant oder bei sich zu Hause – mit so offenen Armen und ehrlicher Herzlichkeit empfängt, wie Mario. Und da er nicht nur sensationell gut kocht, sondern auch ein großer Weinkenner ist, gibt es immer auch ein feines Gläschen Wein. Meist sind es deutsche Gewächse, mit denen er in seinem Domizil nahe dem Gardasee seine zahlreichen Verwandten und Freunde überrascht. Sein fachmännisches Urteil ist auch bei den Wein- und Olivenölverkostungen für die Zeitschrift »Feinschmecker« gefragt und dabei hat der wissbegierige und weltoffene Mario viele spannende Weine kennengelernt und kombiniert sie *perfetto* mit seiner geliebten italienischen Küche.

Mittlerweile steht ihm sein Sohn Michele in der Küche mit dem gleichen Enthusiasmus zur Seite und so hoffe ich, dass Mario und seine Frau Pierina mehr Zeit am Lago di Garda verbringen können.

Für dieses Buch hat Mario ein Trentiner Menü entwickelt: aus typischen Produkten der Region, aber auf seine kreative Weise und dem Zeitgeist angepasst, zubereitet, das wir mit Wonne in seinem Garten verspeist haben …

12

TROTA MARINATA CON SALSA DI UVA FRAGOLA

LACHSFORELLENFILET UND -TATAR, MARINIERT MIT ERDBEERTRAUBEN

Gedämpfte Forellenfilets, mariniert, mit Gemüsejulienne sind im Trentino eine beliebte Vorspeise, zu der man eine Polenta isst. Mario sagte sich: Warum isst man die Forelle nicht roh, frischer wie direkt aus den nahen Flüssen gehts doch kaum. Mariniert hat er das feine Fischfleisch mit einem weiteren Produkt, das es auch vorwiegend im Trentino gibt: die *uva fragola* (Erdbeertraube). Diese Trauben sehen zwar aus wie blaue Weintrauben, schmecken aber intensiv nach Erdbeeren. Das Tüpfelchen auf dem »i« war das frisch gehackte Verbenenkraut, das hier *erba luisa* heißt und das fantastisch zitronig schmeckt. Ein sensationelles Sommergericht!

½ rohes Lachsforellenfilet, ca. 300 g

FÜR DIE MARINADE

1 Handvoll Erdbeertrauben, ersatzweise 4 Erdbeeren und 10 Weinbeeren
4 EL Gardasee-Olivenöl, extra vergine
einige Tropfen frisch gepresster Zitronensaft
Salz, frisch gemahlener weißer Pfeffer
einige Zweige »erba luisa« (Verbenen- oder Zitronenkraut)

Das Lachsforellenfleisch von der Haut lösen und den mittleren Teil in Streifen von etwa 1 cm Durchmesser schneiden. Den Rest des Fischfleisches mit einem großen Messer grob hacken. Beides im Kühlschrank kalt stellen.

Für die Marinade die Erdbeertrauben (ersatzweise Erdbeeren und Weintrauben) im Mixer kurz pürieren, durch ein feines Haarsieb streichen und mit Olivenöl gründlich verquirlen. Mit Zitronensaft, Salz und Pfeffer abschmecken. Die Blätter des Verbenenkrauts in feine Streifen schneiden und untermischen.

Das Lachsforellentatar mit 2 EL von der Marinade vermischen und kurz durchziehen lassen. Die Lachsstreifen sowie das Tatar auf einem Teller anordnen. Die restliche Marinade getrennt dazu reichen. Mit halbierten Erdbeertrauben und frischen Kräuterblättern garnieren.

TIPP

Falls Sie kein frisches Verbenen- oder Zitronenkraut zur Hand haben, würzen Sie die Marinade mit frisch abgeriebener Zitronenschale oder mit fein geschnittenem Zitronengras.

WEINEMPFEHLUNG

Mario schenkte uns dazu einen köstlichen Sauvignon aus Deutschland ins Glas, vom Weingut Knipser in der Pfalz. Dieser Sauvignon mit Noten von grüner Paprika und lebendiger Fruchtigkeit passte perfekt zur raffinierten Vorspeise und erfreulich bei den sommerlichen Temperaturen: lediglich 11 Prozent Alkohol.

DOC

14

TAGLIATELLE AI PORCINI

TAGLIATELLE MIT STEINPILZEN

Was für ein Anblick! Ein Korb voller perfekter, frischer Steinpilze, den Mario heute Morgen von einem Nachbarn geschenkt bekommen hat. Erica zückte sofort ihre Kamera und setzte die noblen Pilze ins rechte Licht, während sich Mario ans Putzen der *porcini* machte. »Somit ist klar was wir als *primo* heute essen!«, meinte Mario. »Semplice ma buono«, sagt man in Italien – einfach aber gut, aber nur wenn die *materia prima* stimmt, also das Ausgangsprodukt, und das sind in diesem Rezept natürlich die frischen Steinpilze! Naheliegend in »Bella Italia«, dass man sie mit einer feinen Pasta vereint …

FÜR DAS PILZRAGOUT
400 g Steinpilze
1 geschälte Zwiebel
2 EL Gardasee-Olivenöl
20 g Butter
Salz, frisch gemahlener Pfeffer
1 Spritzer Zitronensaft
ca. 1/8 l Pilzfond (aus den Abschnitten zubereitet)
2 EL frisch gehackte Petersilie

AUSSERDEM
250 g frische Tagliatelle
Salz
frisch geriebener Parmesan nach Geschmack

Die Pilze sorgfältig putzen. Die Abschnitte mit Wasser bedecken und zum Kochen bringen. Etwa 15 Minuten köcheln lassen, dann durch ein feines Haarsieb seihen und beiseitestellen.

Die Pilze in grobe Stücke schneiden, die Zwiebel in k eine Würfel. Olivenöl und Butter in einer tiefen Pfanne erhitzen und die Zwiebeln glasig andünsten, dann die Pilze dazugeben und unter Schwenken der Pfanne anbraten. Mit Salz, Pfeffer und Zitronensaft würzen und mit dem Pilzfond aufgießen. Etwa 5 bis 6 Minuten sanft köcheln lassen.

In der Zwischenzeit reichlich Salzwasser in einem großen Topf zum Kochen bringen und die Tagliatelle darin in 3 bis 4 Minuten al dente kochen.

Auf einem Durchschlag abtropfen lassen und sofort in die Pfanne zu den Pilzen geben. Mit zwei Holzlöffeln sorgfältig vermischen, kurz durchziehen lassen und mit Petersilie bestreut servieren. Parmesan getrennt dazu reichen.

TIPP

Auch in Italien macht man die Pasta nur noch selten zu Hause, dafür gibt es exzellente »pastifici«, das sind Läden, die tagtäglich frische Eierteigwaren in vielen verschiedenen Versionen herstellen. Falls Sie keine frischen Teigwaren bekommen, nehmen Sie getrocknete Tagliatelle und beachten Sie die Garzeit auf der Packung.

WEINEMPFEHLUNG

Dazu trinkt man im Trentino einen Marzemino, ein leichtfüßiger Rotwein, der mit seinem zarten Veilchenduft und den leicht erdigen Noten bestens das köstliche Herbstgericht begleitet. Wir haben einen Marzemino vom Weingut Simoncelli dazu getrunken, weil Armando auch bei seinen Winzerkollegen als »der« Marzemino-Winzer geschätzt ist, aber auch, weil er mein guter und langjähriger Freund ist.

WEINEMPFEHLUNG

Der König der Rotweine aus dem Trentino, ein Teroldego, harmoniert prächtig mit diesem leckeren Gericht, z. B. der Armilo vom Weingut Bolognani aus Lavis.

INVOLTINI DI CARNE SALADA
CON LUGANIGHE

CARNE-SALADA-RÖLLCHEN MIT WÜRSTCHEN GEFÜLLT

Carne salada ist eine typische Trentiner Spezialität, die es mittlerweile sogar in Supermärkten – auch im Veneto – zu kaufen gibt. Echte Liebhaber dieses eingelegten Fleisches wissen aber, wo man eine richtig gute *carne salada* bekommt. So natürlich auch Mario! Da man das in Salz und Kräuter marinierte Fleisch in Deutschland kaum bekommt, schlägt er vor, stattdessen dünn geschnittene Rindfleischscheiben dafür zu nehmen.
Luganeghe sind rohe Bratwürste, die man im Trentino mal grillt oder zu einem Sugo verarbeitet. Mario nimmt die Würste als Fülle für seine leckeren Fleischröllchen. *Complimenti* Mario, es schmeckte uns prima!

1 Knoblauchzehe
1 Zweig Rosmarin
3 EL Gardasee-Olivenöl
4 Luganeghe (ersatzweise rohe Bratwürste)
8 dünne Scheiben »Carne salada« oder Rindfleisch aus der Oberkeule
4 EL grob gehackte Walnüsse
das grüne Ende von 2 Selleriestangen
16 vollreife Zwetschgen
20 g Butter
4 Salbeiblätter
frisch gemahlener Pfeffer
1 Prise Zimt

Knoblauch schälen und mit dem Rosmarin in 1 EL Olivenöl kurz anbraten, die Würste dazugeben und bei mittlerer Hitze rundherum in 4 bis 5 Minuten goldbraun braten. Dann von der Kochstelle nehmen.

Die Fleischscheiben auf einem Brett ausbreiten, mit den Nüssen bestreuen und jeweils mit einem Stückchen Selleriegrün und einer halben Wurst belegen und von der schmalen Seite her zusammenrollen.

Die Zwetschgen waschen, halbieren und entkernen. In der Pfanne, in der die Würste gebraten wurden, einen weiteren Esslöffel Olivenöl und 10 g Butter erhitzen und die Zwetschgen darin anbraten. Mit fein geschnittenen Salbeiblättern bestreuen und in wenigen Minuten weich schmoren. Mit Pfeffer und Zimt würzen.

In einer zweiten Pfanne das restliche Olivenöl mit der Butter erhitzen und die Fleischröllchen unter Wenden bei mittlerer Temperatur rundherum etwa 4 bis 5 Minuten braten.

Die Röllchen auf Teller verteilen und mit den Zwetschgen umkränzen. Dazu isst man natürlich – typisch für das Trentino – eine Scheibe gegrillte oder gebratene Polenta, aus grobem Polentagrieß.

TIPP
Übrigens, mittlerweile kaufen auch viele italienische Hausfrauen die Polenta fertig gegart in einem Plastikbeutel so verpackt, dass man nur noch Scheiben davon abschneiden muss. Natürlich schmeckt eine hausgemachte besser, aber jeder Italienkenner weiß, dass dies eine zeitaufwendige Arbeit ist und auch hierzulande sind die meisten Frauen berufstätig und scheuen diese Arbeit.

18

INSALATA DI MELE E UVA CON GELATO AL PISTACCHIO

APFEL-WEINTRAUBEN-SALAT MIT PISTAZIENEIS

Gerade im Spätsommer und im Herbst, präsentiert sich das Trentino von seiner schönsten Seite. Apfelbäume voller reifer Früchte, so weit das Auge reicht, kann man im wunderschönen Val di Cresta, zwischen Gardasee und Rovereto, bestaunen und im herrlichen Valle dei Laghi, dem Tal westlich der Autobahn in Richtung Arco werden die reifen Nosiolatrauben geerntet.
Alles was der Spätsommer bietet, hat Mario zu einem raffinierten leicht bekömmlichen Dessert kombiniert!

FÜR DIE BLÄTTERTEIGSTANGEN

1 Scheibe TK-Blätterteig
etwas Puderzucker

FÜR DEN APFELSALAT

3 kleine aromatische Äpfel
1 kleine Weintraube
40 g Butter
2 EL Puderzucker
4 cl Grappa
je 100 g Himbeeren, Heidelbeeren und Brombeeren

AUSSERDEM

4 Kugeln Pistazieneis
4 Minzezweige

Den Backofen auf 220 °C vorheizen. Die Blätterteigscheibe der Länge nach in 4 Streifen schneiden und spiralenförmig drehen. Auf ein mit Backpapier ausgelegtes Blech legen und im heißen Ofen in etwa 8 Minuten goldbraun backen. Abgekühlt mit etwas Puderzucker bestäuben.

Zwei Äpfel waschen, halbieren, entkernen und in schmale Spalten schneiden. Die Weintrauben waschen, halbieren und falls nötig die Kerne entfernen.

Butter in einer Pfanne erhitzen und zuerst die Äpfel darin anbraten. Die Trauben hinzufügen, mit Puderzucker bestäuben und karamellisieren lassen. Mit Grappa ablöschen und abkühlen lassen. Die Beeren sorgfältig verlesen.

In ein hübsches Glas erst die Apfel-Trauben-Mischung geben, mit den Waldbeeren belegen, eine Kugel Eis daraufsetzen und erneut mit den gemischten Beeren garnieren. Den restlichen Apfel der Länge nach in Scheiben schneiden und das Dessert damit garnieren. Mit den Blätterteigstangen servieren.

TIPP

Der Fantasie sind bei dieser Dessertkreation keine Grenzen gesetzt. Ob Sie blaue oder weiße Trauben nehmen, welche Beerenfrüchte Sie hinzufügen und wie Sie es anrichten, bleibt Ihrem Geschmack überlassen, wichtig ist nur: Die Früchte müssen vollreif und sehr aromatisch sein.

WEINEMPFEHLUNG

Dazu passt sehr gut der exzellente Spumante Rosé Brut – Dolomiti von Pojer e Sandri, dem zu Recht hochgeschätzten Weingut in Faedo, über San Michele gelegen, das seit nunmehr 1975 für erstklassige Qualität bürgt, sei es bei den Weinen, den Grappe und vor allem auch bei den feingliederigen Spumanti.

VENETO

Seit 1996 führt die engagierte Ada Riolfi die von einheimischen wie ausländischen Weinfreaks hochgeschätzte »Enoteca della Valpolicella« in Fumane. Es ist eigentlich keine Enoteca, sondern ein Ristorante, bei dem sich jedoch Küche und Weine harmonisch vereinen. Für Ada ist das eine so wichtig wie das andere. Aber vor allem ist Ada eine leidenschaftliche Köchin, die ich bewundere, und daher freue ich mich, dass sie das Veneto-Menü kreiert hat.

23

MENÜ AUS DEM VENETO VON ADA RIOLFI

ENOTECA DELLA VALPOLICELLA, FUMANE

Obwohl Ada Riolfi mit zwei kleinen Mädchen und einem schwer beschäftigten Önologen als Ehemann völlig ausgelastet gewesen wäre, verwirklichte sie 1996 ihren Traum von einem eigenen Restaurant. Zur Unterstützung holte sie sich Carlotta Marchesini ins Boot, bis heute ihre Geschäftspartnerin. Ihre Mamma kümmerte sich mit um die beiden Mädels und so konnte die umtriebige Ada ihr gut ausgeklügeltes Konzept für die »Enoteca della Valpolicella« entwickeln. Wein und Essen gehören bei Ada untrennbar zusammen und das wollte sie auch in ihrer Enoteca, die eigentlich ein Ristorante ist, vermitteln. Der Name verpflichtet: Deshalb sind die Protagonisten die Rotweine aus dem Valpolicella – vom einfachen Tischwein bis zum exzellenten Amarone! Aus hunderten von Etiketten kann man hier das passende Tröpfchen zu den köstlichen Gerichten, die Ada mit großer Leidenschaft zubereitet, genießen.
Ada kennt sich aber nicht nur mit den Weinen ihrer Heimat Valpolicella gut aus, dank der Reisen mit ihrem Mann entdeckt sie Weine aus aller Welt und überrascht gerne mal damit ihre weininteressierten Gäste.
Aber bei aller Liebe zum Wein, noch größer ist ihre Liebe zum Kochen. Wann immer ich auch zufällig am Nachmittag in der Enoteca vorbeischaue, treffe ich Ada an, wie sie gerade gekochtes Fleisch für die Füllung der Nudeltäschchen durch den Fleischwolf dreht, Enten füllt für den Abend oder einen Sugo zubereitet … Überall legt die quirlige und wissbegierige Ada Hand an. Seit einiger Zeit ist auch das italienische Fernsehen auf sie aufmerksam geworden. Im Sender Rai 1 kocht sie, oft gemeinsam mit ihrem Kochfreund Sergio, vom nahe gelegenen Mini-Ristorante »Groto de Corgnan«, regionale Rezepte.
Und das ist längst nicht alles. In der »Enoteca in Piazza« im Herzen von Negrar entwickelt sie mit ihrer Freundin Mariuccia in der winzigen Küche verlockende Köstlichkeiten. Diese Enoteca ist ihr neuestes »Baby«, das sie gemeinsam mit Mariuccia gerade aufpäppelt.
Ihre Töchter sind mittlerweile flügge und helfen, neben dem Studium, gerne mal in der Küche oder im Service, denn sie sind stolz auf ihre bewundernswerte Mamma …

24

SARDE IN SAOR

MARINIERTE GARDASEE-SARDINEN

Rund um den See ist dies ein Rezeptklassiker und der steht fast auf jeder Speisekarte der Ristoranti mit traditioneller Küche – quer durch alle Regionen. Sardinen, ursprünglich natürlich Salzwasserfische, haben im heutigen Gardasee überlebt, der tausende Jahre vorher mal ein Teil des Meeres war. Die Sardinen haben sich im Laufe der Zeit an das Süßwasser angepasst und sind heute eine Köstlichkeit, auf die Sie nicht verzichten sollten.

1 kg küchenfertige Sardinen (ohne Kopf und Schwanz)
3–4 EL feines, griffiges Mehl
reichlich Gardasee-Olivenöl zum Frittieren

FÜR DIE MARINADE

800 g weiße Zwiebeln, geschält
⅛ l Gardasee-Olivenöl, extra vergine
3–4 Karotten
10 frische Lorbeerblätter
120 g Korinthen
300 ml Weißweinessig

Die Sardinen halbieren und sorgfältig die Mittelgräte entfernen. Die kleinen Gräten im Fischfleisch mit einer Pinzette entfernen. Fischfilets waschen, trocken tupfen und auf beiden Seiten mit wenig Mehl bestäuben.

Olivenöl in einer Friteuse erhitzen und die mehlierten Fischfilets darin in wenigen Minuten goldbraun frittieren. Auf Küchenpapier abtropfen lassen.

Die Zwiebeln in sehr dünne Scheiben schneiden. Olivenöl in einer tiefen Pfanne erhitzen und die Zwiebelscheiben darin bei schwacher Hitze weich dünsten. Karotten schälen und in feine Scheibchen schneiden. Zu den Zwiebeln geben, die Lorbeerblätter und die Korinthen hinzufügen und mit Weißweinessig ablöschen und in weiteren 8 bis 10 Minuten weich kochen.

Die lauwarmen Sardinenfilets nebeneinander in eine längliche Form legen und mit Zwiebelmarinade begießen. Mindestens 5 Stunden, am besten Tage mit Sichtfolie bedeckt durchziehen lassen.

TIPP

Die marinierten Sardinen kann man im Kühlschrank bis zu 10 Tage marinieren. Mit Marinade bedeckt werden sie von Tag zu Tag besser.

WEINEMPFEHLUNG

In der Enoteca empfiehlt Ada dazu einen Weißwein aus dem Custoza und zwar einen molligen Garganega in purezza vom Weingut La Prendina Cavalchina.

26

TAGLIATELLE CON FEGATINI DI POLLO

TAGLIATELLE MIT HÜHNERLEBER

Geflügelgerichte haben im Valpolicella Tradition, denn früher war der Weinbau hier eine Art Nebenerwerb zum Bauernhof, wo unter anderem natürlich auch Hühner, Enten und Gänse gehalten wurden. Eine überaus beliebte Sonntagssuppe ist zum Beispiel Hühnerbrühe mit feinen Nudeln und Hühnerleber. Sie ist auch heute noch bei vielen Familien in und um Verona fester Bestandteil des Sonntagsmenüs. Bei Ada gibt es natürlich auch diese traditionelle Suppe, aber für das Menü hat sich die Köchin für diese Hühnerleberversion entschieden.

FÜR DIE TAGLIATELLE

ca. 350 g Mehl
3 Eier
5 Eigelbe
Salz
1 EL Gardasee-Olivenöl

FÜR DAS RAGOUT

600 g frische Hühnerlebern
1 große weiße Zwiebel
60 g Butter
1 Glas trockener Weißwein
einige Salbeiblätter
Salz, frisch gemahlener Pfeffer

Aus den angegebenen Zutaten in der Küchenmaschine einen Nudelteig zubereiten. Dann mit warmen Händen so lange kneten, bis der Teig glatt ist und leicht glänzt. Mit Sichtfolie bedeckt mindestens 1 Stunde ruhen lassen. Am besten mit Hilfe einer Nudelmaschine dünn ausrollen und anschließend in ½ cm breite Streifen schneiden.

Für das Ragout die Hühnerleber gründlich von allen anhaftenden Fett- und Sehnenteilen befreien und in nicht zu kleine Stücke teilen. Die Zwiebel schälen und in kleine Würfel schneiden. Die Butter zerlassen und die Zwiebelwürfel darin anschwitzen. Unter Rühren und bei schwacher Hitze weich garen, gegebenenfalls ein wenig Wasser dazugeben. Die Zwiebeln dürfen nicht bräunen.

Die Hühnerleberstückchen untermischen und kurz mit anbraten, salzen und pfeffern und mit Wein aufgießen. Die Salbeiblätter dazugeben und bei starker Hitze kurz aufkochen lassen. Dann bei schwacher Hitze in etwa 6 bis 8 Minuten fertig garen.

Reichlich Salzwasser in einem großen Kochtopf erhitzen und die Tagliatelle darin in 3 bis 4 Minuten al dente kochen. Auf einem Durchschlag abtropfen lassen und vorsichtig mit dem Ragout vermischen. Sofort servieren.

TIPP

Bei der Eiermenge habe ich erst mal gestutzt und noch mal nachgefragt, aber Ada versicherte mir, dass es stimmt. Beim Blick auf die gerade zum Trocknen bereitgestellten Tagliatelle war mir das klar: dottergelb, wie mit Safran gefärbt.

WEINEMPFEHLUNG

In der Enoteca steht dieses Leibgericht der Veroneser häufig auf der Speisekarte und am liebsten trinkt man einen fruchtigen, aber gut strukturierten Valpolicella Classico Superiore, z. B. den Figari vom Weingut Spinosa in Negrar und Marano di Valpolicella.

WEINEMPFEHLUNG

Was sonst zu einem so köstlichen Sonntagsbraten im Valpolicella als einen weichen, fruchtintensiven Amarone mit viel Tiefe, z. B. den Amarone Case Vecie vom Weingut Brigaldara. Mittagsschläfchen oder längerer Spaziergang ist nachher angesagt!

ANATRA RIPIENA

GEFÜLLTE BAUERNENTE

Enten kommen im Valpolicella und in der Lessinia häufig auf den Tisch. Da es noch viele kleinere Bauernhöfe gibt, ist es auch nicht schwierig, das aromatische Federvieh frisch geschlachtet zu erwerben. Das Fleisch schmeckt dementsprechend saftig und aromatisch. Gekauft wird Geflügel – auch im Supermarkt – mit Kopf und Beinen, daran erkennt nämlich die fachkundige Hausfrau das Alter der Tiere. Gefüllte Ente ist ein echter Sonntagsbraten, während der Woche steht auf vielen Speisekarten ein Entenragout – bevorzugt mit Bigoli – den typischen hausgemachten Nudeln.

1 fleischige Ente von ca. 2,3 kg
Salz, frisch gemahlener Pfeffer

FÜR DIE FÜLLUNG

40C g Weißbrot vom Vortag
etwa 150 ml lauwarme Milch
1 Knoblauchzehe
1 TL Rosmarinnadeln
1 Handvoll abgezupfte Petersilienblätter
1 Handvoll frisch geriebener Parmesan
ca. 150 g Salsiccia (rohe Schweinebratwurst)
1 Ei

AUSSERDEM

1 EL Butter
1 EL Öl
je 1 Rosmarin- und Salbeizweig
ca. ¼ l Weißwein

Die Ente waschen, trocken tupfen und vom Rücken her entbeinen. Wer darin nicht so geübt ist, bittet am besten den Geflügelhändler um diesen Gefallen. Die entbeinte Ente mit Salz und Pfeffer würzen.

Für die Füllung das Weißbrot in kleine Würfel schneiden, mit lauwarmer Milch begießen und etwa 30 Minuten durchziehen lassen. Das Brot soll durchfeuchtet, aber nicht zu nass sein. Knoblauch und Kräuter fein hacken und mit dem Parmesan, der in kleine Stücke zerpflückten Salsiccia und dem Ei zum Brot geben. Mit den Händen zu einer glatten und weichen Masse verarbeiten.

Den Backofen auf 180 °C vorheizen. Die Ente auf einem Brett ausbreiten, die Füllung daraufgeben und das Entenfleisch darüber verteilen. Mit einem Küchengarn die vordere Naht zunähen und die Ente in Form binden.

In einer Bratreine Butter und Öl erhitzen und die Ente darin rundherum anbraten. Die Kräuterzweige dazugeben, mit Wein ablöschen und im heißen Backofen in etwa 1 Stunde unter vorsichtigem Wenden gar braten.

Die Ente herausnehmen und den Bratenfond durch ein Sieb passieren. Die Ente in Scheiben schneiden und mit dem Bratensaft begießen.

TIPP

Ada entbeint die Ente zwar, aber wer nicht so geübt ist im Umgang mit dem Federvieh, der kann die Ente auch mit den Knochen füllen. Schmeckt genauso köstlich.
Italiener sind keine Saucenesser, man betropft das Fleisch und die Füllung lediglich mit dem entstandenen Bratensaft.

PISSOTA CON L'OIO

HEFEKUCHEN MIT OLIVENÖL

Ada hat für das Veneto-Dessert diesen Kuchen ausgewählt, vor allem in Hinsicht auf den dazu gereichten Wein, der ja bei ihr untrennbar mit den *piatti* verbunden ist! Der Kuchen schmeckt nämlich am besten mit einem Recioto della Valpolicella, das ist ein fruchtiger roter Süßwein mit viel Tiefe und einem langen Nachhall. Perfekte Harmonie für den Abschluss dieses feinen Menüs aus dem Veneto.
Zum besseren Verständnis: *l'oio* heißt im Dialekt Öl, und natürlich ist damit das aromatische Olivenöl aus dem Valpolicella gemeint.

FÜR DEN TEIG

4 Eier
200 g Zucker
400 g Mehl
150 ml Olivenöl extra vergine della Valpolicella
2 cl Limoncello
einige Löffel Milch
1 Prise Salz
abgeriebene Schale ½ unbehandelten Zitrone
1 Päckchen Trockenhefe

AUSSERDEM

Puderzucker zum Bestäuben

Den Backofen auf 160 °C vorheizen.

Eier und Zucker in eine Schüssel geben und mit den Schneebesen eines Handrührgerätes dickschaumig aufschlagen. Portionsweise das Mehl und die weiteren Zutaten unter Rühren hinzufügen. Zum Schluss die Hefe unterrühren.

Eine Kuchenform von 28 cm Durchmesser mit Butter ausfetten und mit Mehl bestäuben. Den Teig gleichmäßig einfüllen und im heißen Backofen auf der mittleren Schiene in etwa 45 Minuten goldbraun backen.

Herausnehmen und auf ein Kuchengitter stürzen. Abgekühlt mit Puderzucker bestäuben, in Stücke teilen und mit Recioto genießen.

TIPP

In Italien beschließt man das Menü gerne mit frischen Früchten. In Weinregionen zieht man jedoch einen trockenen Kuchen oder Gebäck vor, vor allem deshalb, weil damit ein Süßwein optimal harmoniert. Im Valpolicella ist das ein Recioto, ein Feuerwerk an roten Waldbeeren, Kirschen und Kakao – einfach himmlisch.

WEINEMPFEHLUNG

Einen Recioto, den lässt sich der Genießer nicht entgehen! Er ist ein krönender Abschluss eines typischen Veneto-Menüs, insbesondere wenn die Köchin aus dem Valpolicella kommt. Diese Süßweine sind nicht pappig-süß, sondern brillieren durch ihre vielschichtige Fruchtigkeit vereint mit samtigen Tanninen. Ada reicht dazu einen Recioto Meliloto vom Weingut Valentina Cubi in Fumane.

14

LOMBARDIA

Enrico Pellegrini kennt und liebt die Küche seiner Heimat, und er versteht es meisterhaft, diesen oftmals schweren Gerichten eine wohltuende Leichtigkeit zu verleihen, die dem heutigen Ernährungsverständnis entspricht, ohne sie jedoch zu sehr zu verfälschen. Seit 2010 kocht Enrico in seinem neuen, geschmackvoll gestalteten Ristorante in Gardone Riviera, das er »Antico Brolo« genannt hat. Ein Besuch lohnt sich.

MENÜ AUS DER LOMBARDIA VON ENRICO PELLEGRINI

OSTERIA ANTICO BROLO, GARDONE RIVIERA

In den Neunzigerjahren eröffnete der leidenschaftliche Koch Enrico Pellegrini, gemeinsam mit seinen Schwestern, das Restaurant »Agli Angeli«. Von Anfang an stand ihm sein Souschef Marcello Cappa zur Seite, mit dem er im Laufe der Jahre viele kreative Rezepte entwickelt hat, immer mit dem Augenmerk auf die besten Produkte der Region und auf traditionelle Gerichte.
Ich erinnere mich gut daran, als ich an einem der heißesten Sommertage im August 2009, auf der Terrasse des hübschen Ristorante »Agli Angeli« in Gardone Riviera, »Caramelle mit Bagoss gefüllt in Buttersauce« gegessen habe. Ein köstlicher, aber äußerst schweißtreibender Genuss!
Als ich hörte, dass Enrico sich von seinen Schwestern und somit vom »Agli Angeli« getrennt hat, war ich ziemlich enttäuscht, dann umso glücklicher, als ich hörte, dass er im Mai 2010 – nur einen Steinwurf vom Familenristorante entfernt, seine eigene kleine, liebevoll gestaltete Osteria eröffnet, die er »Antico Brolo« nennt. Der Name trifft den Nagel auf den Kopf, denn »Brolo« heißt dialektisch Innenhof, und der ist wirklich sehr heimelig und lädt zum längeren Verweilen ein. Auch die drei kleinen Speisezimmer sind äußerst reduziert und geschmackvoll eingerichtet, damit der Charme des alten Gemäuers erhalten bleibt.
Sein treuer Souschef Marcello ist mit ihm gegangen und so kreieren sie nun wieder gemeinsam, als eingespieltes Team, neue spannende Gerichte! Immer auf Basis der Tradition und vorwiegend mit bodenständigen Produkten ihrer lombardischen Heimat, aber mit modernen Akzenten und von angenehmer Leichtigkeit. Sensationell ist der Brotkorb, mit selbst gebackenen Brötchen, Grissini und knusprigen Polentablättern. Das Rezept dazu finden Sie als Extratipp auf Seite 176.
Die Osteria ist zwar von Gardone Sopra aus gut ausgeschildert, dennoch habe ich sie erst beim zweiten Anlauf entdeckt! Direkt hinter dem *municipio* (Rathaus) in Gardone Riviera entdeckt man einen kleinen gedeckten Tisch, und der weist den steinigen Weg (nicht gerade stöckelschuhfreundlich) zum stets offenen Tor in den aparten Innenhof.
Ich freue mich sehr, dass Enrico für mich ein typisches Menü vom lombardischen Teil des Gardasees kreiert hat und – falls Sie es nicht selbst nachkochen möchten – nichts wie hin ins »Antico Brolo«, nahe dem Vittoriale in Gardone.

FAGOTTINO CROCCANTE SU CREMA DIE BAGOSS

KNUSPRIGE TEIGTÄSCHCHEN AUF BAGOSS-CREME

Gut, der Brickteig ist nicht typisch lombardisch, aber das gefällt mir gerade an Enricos Küche! Er schaut über den Tellerrand hinaus, das heißt, ihn interessieren auch die Küchen anderer Länder und er verleiht mit seinen Entdeckungen seinen traditionellen Gerichten einen interessanten Touch.
Ganz und gar aber lombardisch ist der Bagoss. Ein ganz spezieller, lange gereifter Bergkäse, der auf den Almen der lombardischen Berge, nahe dem Lago heute noch in kleinen Käsereibetrieben hergestellt wird, und den man eigentlich nur in der Lombardei bekommt – bis jetzt!

4 Brickteigblätter
30 g zerlassene Butter
220 g gekochte Kartoffeln, gepellt
180 g Steinpilze
½ Schalotte, in Würfel geschnitten
10 g Petersilie, gehackt
50 g frisch geriebener Parmesan
Salz, frisch gemahlener Pfeffer

FÜR DIE SAUCE
220 ml Sahne
90 g frisch geriebener Bagoss-Käse
20 g Speisestärke

Die Brickteigblätter nebeneinander ausbreiten und mit 20 g flüssiger Butter bestreichen.

Die Kartoffeln mit einer Gabel zerdrücken. Die Steinpilze grob hacken und mit den Schalottenwürfeln in der restlichen Butter kurz andünsten. Petersilie, Kartoffeln und Parmesan untermischen, von der Kochplatte nehmen und mit Salz und Pfeffer würzen.

Den Backofen auf 180 °C vorheizen. Die Füllung auf die Teigblätter streichen, dabei einen 1 cm breiten Rand lassen. Aufrollen und die Enden gut festdrücken. Auf ein mit Backpapier ausgelegtes Backblech legen und im Ofen 15 Minuten goldbraun backen.

In der Zwischenzeit die Sahne zum Kochen bringen und den Bagoss einrühren. Die Speisestärke mit etwas kaltem Wasser anrühren und die Käsesahne damit binden. Unter Rühren kurz aufkochen lassen, dann von der Kochplatte nehmen.

Die Sauce als Spiegel auf vier Teller verteilen und jeweils einen Fagottino darauf platzieren.

TIPP
Brickteigblätter muss man nicht selbst machen, es gibt sie, meist tiefgekühlt heute schon fast überall zu kaufen.

WEINEMPFEHLUNG

Dazu kann ich mir sehr gut einen Roséwein vorstellen, wie z. B. den Rosé vom kleinen, aber ganz besonderen Weingut Cantrina. Der Rosé ist zu hundert Prozent aus Pinot Nero, wunderbar ausbalanciert, keine liebliche Fruchtbombe, sondern sehr elegant! Er begleitet dieses und auch das folgende Pastagericht »perfetto«!

38

MACCHERONCINI CON SALSA DI POMODORO E BAGOSS

MACCHERONCINI MIT TOMATENSAUCE UND BAGOSS

Selbstverständlich bereitet Enrico seine Maccheroncini selbst zu: pro 100 g Mehl nimmt er ein Ei. Aber es schmeckt auch mit gekauften Maccheroncini und dann ist es ein echtes Schnellgericht, das man ganz leicht zu Hause nachkochen kann.

FÜR DIE SAUCE

½ Zwiebel, in Würfel geschnitten
1 EL Gardasee-Olivenöl
500 g geschälte Tomaten (Pelati) aus der Dose
2 Thymianzweige
Salz, frisch gemahlener Pfeffer
40 g Taggiasca-Oliven
80 g frisch geriebener Bagoss-Käse

AUSSERDEM

350 g Maccheroncini
Salz

Die Zwiebelwürfel in Olivenöl glasig dünsten, die Tomaten samt der Einlegflüssigkeit dazugeben und mit Salz und Pfeffer würzen. Thymian hinzufügen und 30 Minuten bei schwacher Hitze sanft kochen lassen. Anschließend, die Thymianzweige herausfischen und mit dem Stabmixer fein pürieren.

Während der Kochzeit reichlich Salzwasser in einem großen Topf zum Kochen bringen und die Maccheroncini darin nach Anweisung auf der Packung al dente kochen.

Die Nudeln auf einem Durchschlag abtropfen lassen und sofort mit der Tomatensauce in einer tiefen Pfanne vermischen. Unter Schwenken der Pfanne etwa 3 Minuten erhitzen. Dann von der Kochstelle nehmen und die Oliven und den Käse untermischen. Sofort servieren.

TIPP

Lediglich im Hochsommer, während der echten Tomatensaison, bereitet Enrico diese Salsa mit frischen Tomaten zu, ansonsten ist es wirklich ratsam, die vollreif geernteten Tomaten aus der Dose zu verwenden.

WEINEMPFEHLUNG

Dazu kann man entweder den Rosé von der Vorspeise weitertrinken, oder man genießt die Pasta mit einem beerenfruchtigen Groppello, ein Rotwein aus der heimischen Rebsorte des Garda Classico, z. B. vom Weingut Pasini in Puegnago sul Garda.

WEINEMPFEHLUNG

Falls Sie bei der Pasta auf Groppello umgestiegen sind, bleiben Sie dabei. Er ist ein Wein mit Ecken und Kanten, aber mit einem sehr eigenständigen Charakter, der dem aromatischen Wirsing Paroli bietet, dennoch aber dem Perlhuhn nicht die Schau stiehlt.

Faraona farcita con verza e pancetta

PERLHUHN GEFÜLLT MIT WIRSING UND SPECK

Perlhühner sind in der Lombardei sehr beliebt und man findet sie unterschiedlich zubereitet auf vielen Speisekarten. So raffiniert und schmackhaft wie bei Enrico habe ich es kaum irgendwo gegessen.
Eines unterscheidet die italienische erheblich von unserer deutschen Küche, es gibt immer wenig oder oft gar keine Sauce. Auch in diesem Fall wird das Huhn zum Schluss lediglich mit dem Bratfond beträufelt. Gesünder ist diese Art Fleisch zu essen sicherlich, denn in den Saucen steckt meist viel Fett!

1 Perlhuhn von ca. 1,2 kg
Salz, frisch gemahlener Pfeffer
800 g Wirsing, geputzt gewogen
1 Schalotte
30 g Butter
90 ml Sahne
130 g Pancetta, in kleine Würfel geschnitten
120 g frisch geriebener Parmesan
120 g gemischtes Gemüse, in Würfel geschnitten (Stangensellerie, Karotte und Zwiebel)
1 TL frische Thymianblätter

Das Perlhuhn vom Rücken her vorsichtig entbeinen und vorsichtig mit Salz und Pfeffer würzen. Den Wirsing in kleine Würfel schneiden und in kochendem Salzwasser 5 Minuten blanchieren, dann das Kochwasser abschütten und aufbewahren.

Die Schalotte schälen, in kleine Würfel schneiden und glasig dünsten. Den gut abgetropften Wirsing hinzufügen und 40 Minuten schmoren, dabei gelegentlich mit der Gemüsebrühe begießen. Zum Ende der Garzeit die Sahne hinzufügen und cremig einkochen lassen.

Die Pancettawürfel in einer Pfanne ohne Fettzugabe kross braten und mit dem Parmesan unter den Wirsing mischen.

Das entbeinte Perlhuhn auf ein ausreichend großes gefettetes Alufolienblatt legen. Die Füllung auf dem ausgebreiteten Huhn verteilen und mit einem Küchengarn die Öffnung verschließen. Anschließend mindestens 1 Stunde im Kühlschrank ruhen lassen.

Den Backofen auf 180 °C vorheizen. In eine Fettpfanne die Knochen und das in Würfel geschnittene Gemüse geben. Das Perlhuhn auf ein Gitter darübersetzen und im Ofen 50 Minuten braten lassen. Dabei gelegentlich mit dem Bratsaft begießen.

Nach Ende der Garzeit das Perlhuhn herausnehmen und die Knochen und das Gemüse durch ein Sieb passieren. Mit Salz, Pfeffer und fein gehackten Thymianblättern abschmecken.

Das Perlhuhn portionieren und mit dem Fleischsaft begießen.

TIPP

Wem das Entbeinen zu mühsam ist, der kann auch das nicht entbeinte Perlhuhn füllen. Statt Perlhuhn kann man auch eine fleischige Poularde auf diese Weise zubereiten. Die Garzeit hängt dann jeweils vom Gewicht des Geflügels ab.

42

MOUSSE DI CASTAGNE E MERINGHETTE

KASTANIENCREME MIT MERINGEN

Im Herbst findet man rund um den See unglaublich kreative Gerichte mit Kastanien. Diese Vielfalt der Zubereitung habe ich erst am Lago kennengelernt. Dies ist ein besonders leckeres Dessert, das es natürlich auch in sich hat – zum einen natürlich, weil Kastanien gesund sind, zum anderen, weil da eine Menge Kalorien drinstecken. Aber wer will bei dem Genuss schon daran denken …

FÜR DIE CREME

1 Scheibe TK-Blätterteig
½ l Milch
6 Eigelbe
150 g Zucker
400 g gekochte Kastanien
3 Blatt Gelatine
½ l Sahne
100 g Meringe

FÜR DIE SCHOKOLADENSAUCE

100 g Kakao
¼ l Wasser
300 g Zucker
150 ml Sahne

Die Milch erhitzen. Eigelbe mit Zucker in einer Schüssel über einem Wasserbad cremig rühren, dabei nach und nach die heiße Milch dazugießen und unter ständigem Schlagen mit dem Schneebesen in etwa 5 Minuten dickcremig werden assen. Über einer Schüssel mit kaltem Wasser unter weiterem Schlagen abkühlen lassen.

Dann die Kastanien im Mixer fein pürieren und dazugeben. Die Gelatine in kaltem Wasser einweichen, gut ausdrücken und bei schwacher Hitze auflösen. Etwas von der Creme unter die Gelatine mischen, dann miteinander verrühren und gut abkühlen lassen.

Die Sahne steif schlagen und mit den zerbröckelten Meringen locker und gleichmäßig unter die Kastaniencreme ziehen. Einige Stunden kalt stellen.

Für die Schokoladensauce alle Zutaten bis auf die Sahne unter Rühren erhitzen. Die Sahne hinzufügen und etwa 5 Minuten unter gelegentlichem Rühren kochen lassen. Zum Schluss mit dem Stabmixer aufschäumen.

Die Creme entweder zu Nocken formen, auf Tellern anrichten und mit Schokosauce beträufeln oder vor dem Erstarren in Glasschalen füllen und vor dem Servieren mit Schokosauce bedecken.

TIPP

Witzig sieht es aus, wenn man die Creme in Einmachgläser gefüllt serviert und die Schokosauce getrennt dazu reicht.

WEINEMPFEHLUNG

Dazu kanr man sehr gut auch gleich einen Espresso trinken, vielleicht Eegleitet von einer guten in Holz gereiften Grappa.

Gaia

ANTIPASTI

Sobald sich das Abendrot über den See legt, wird es Zeit für das Abendmenü, das immer mit kleinen, aber feinen Antipasti eingeläutet wird.

WEINEMPFEHLUNG

Der Gemüse-Knabberspaß passt perfekt zu einem Aperitif, das kann am Gardasee ein Spritz sein, ein Prosecco oder auch ein Spumante. Ich trinke dazu gerne einen stillen Roséwein, z. B. CorDeRosa vom kleinen, aber feinen Weingut Le Vigne di San Pietro, weil sein zarter, blumiger Duft das Gemüse elegant untermalt.

PINZIMONIO CON SALSA DI PEPERONI

ROHES GEMÜSE MIT PAPRIKA- UND KRÄUTERDIP

Rohes, in Streifen geschnittenes Gemüse bekommt man in einigen Restaurants am Gardasee – vor allem im Veneto und in der Lombardia – bereits vor dem Essen auf den Tisch gestellt! Es ist nicht als Vorspeise gedacht, sondern um die Zeit des Auswählens aus der Speisekarte genussvoll zu begleiten.

Bei mir zu Hause biete ich im Sommer gerne *pinzimonio* zum *aperitivo* an – begleitet von einem frischen Dip und natürlich feinstem Olivenöl vom Gardasee. So schmackhaft kann gesundes Essen sein.

FÜR DEN KRÄUTERDIPP

½ Bund glatte Petersilie
10 große Basilikumblätter
½ Bund Rucola
2 Knoblauchzehen
1 kleine weiße Zwiebel
⅛ l Olivenöl
grobes Meersalz
1 EL Semmelbrösel

FÜR DEN PAPRIKADIPP

1 große rote Paprikaschote
½ rote Peperoncino
1 Knoblauchzehe
1 kleine weiße Zwiebel
3 EL Olivenöl
⅛ l Hühnerbrühe
Salz, frisch gemahlener Pfeffer
einige Tropfen Aceto balsamico

AUSSERDEM

4 Selleriestangen
2 große Möhren
2 kleine Zucchini
1 Fenchelknolle
1 kleine Gärtnergurke
reichlich Crushed Ice
Gardasee-Olivenöl, extra vergine

Für die grüne Sauce die Blätter von den Kräuterstängeln zupfen. Knoblauch und Zwiebel schälen und klein schneiden. Mit Salz im Mixer fein pürieren, dabei das Olivenöl hinzufügen. Semmelbrösel unterrühren und kurz durchziehen lassen.

Für die Paprikasauce die Paprika putzen und das Fruchtfleisch in Stücke schneiden. Peperoncino, geschälte Knoblauchzehe und Zwiebel klein schneiden und in Olivenöl anschwitzen. Mit Brühe aufgießen, salzen und pfeffern und bei schwacher Hitze 20 Minuten schmoren. Im Mixer fein pürieren und mit Aceto balsamico abschmecken.

Das Gemüse waschen und sorgfältig putzen. Selleriestangen, Möhren und Zucchini in längliche Streifen schneiden. Die Fenchelknolle halbieren und in schmale Spalten schneiden. Das Crushed Ice in eine hohe Glasschüssel geben und die Gemüsestreifen dekorativ hineinstecken.

Die gut gekühlten Saucen in kleine Schalen oder Gläser füllen, ebenso das Olivenöl, und um das vorbereitete Gemüse anrichten. Jeder taucht nach Lust und Laune das knackige Gemüse in die Saucen und knabbert es genussvoll.

TIPP

Häufig bekommt man im Ristorante lediglich sehr gutes Olivenöl und grobes Salz zu den Gemüsestreifen serviert, was natürlich auch köstlich schmeckt.
Das Gemüse ist »naturalmente« austauschbar – je nach Jahreszeit und Angebot. Wichtig ist nur, dass es absolut frisch ist.

48

INSALATA CON POMPELMO, FINOCCHIO E CASTAGNE

FRISÉESALAT MIT GRAPEFRUIT, FENCHEL UND KASTANIEN

Während man in vielen Weinregionen, wie zum Beispiel in Südtirol, Kastanien nur geröstet zum Knabbern zu einem Glas Wein kennt, bereitet man auf den Höhen des Monte Baldo, vor allem in und um San Zeno die raffiniertesten Gerichte daraus zu. Neben Suppen, Füllungen für Fleisch oder Geflügel, leckeren süßen Cremes und raffinierten Vorspeisen erinnere ich mich gerne an einen Salat mit Kastanien, den ich in der »**Taverna Kus**« in San Zeno mal gegessen habe.
Dies ist nun meine Version, dieses perfekten Herbstsalats.
Allen, die wie ich den Gardasee auch im Spätherbst sehr lieben, rate ich, wirklich mal nach San Zeno zu fahren. Es sieht nicht nur hübsch aus, wenn die stacheligen Früchte an den Bäumen hängen. Alle Ristoranti und Trattorien bieten köstliche Kastanienmenüs an.

1 Kopf Friséesalat
1 rosa Grapefruit
1 kleine Fenchelknolle
100 g ausgelöste, gekochte Kastanienkerne

FÜR DIE MARINADE
1 TL Dijon-Senf, Salz
2 EL feinster Weißweinessig
Saft der Grapefruit
5 EL Gardasee-Olivenöl, extra vergine
frisch gemahlener Pfeffer
1 EL frisch gehackte Petersilie

Die Salatblätter ablösen, gründlich waschen und gut abgetropft in kleine Stücke teilen.

Die Grapefruit so dick schälen, dass die weiße Haut völlig entfernt ist. Dann das Fruchtfleisch aus den Spalten lösen und den dabei sich bildenden Saft in einer kleinen Schale auffangen. Die Fenchelknolle putzen, waschen und den harten mittleren Strunk entfernen. Quer in feine Streifen schneiden. Alle Zutaten in eine möglichst flache Schüssel geben und mit den in kleine Stücke zerteilten, gegarten Kastanien belegen.

Für die Marinade den Senf mit Salz und Essig verrühren, bis sich das Salz aufgelöst hat. Den Grapefruitsaft und das Olivenöl unterrühren und über den Salatzutaten verteilen. Mit Pfeffer würzen, locker vermischen und mit Petersilie bestreut servieren.

TIPP
Mittlerweile bekommt man Kastanien (Maroni) bereits gekocht und vakuumiert in Gemüseläden auch bei uns! Das erspart das lästige lange Kochen oder Rösten.
Ich weiß, es ist wahrlich nicht italienisch, eine Vinaigrette zuzubereiten. Salz, Pfeffer, Essig und Olivenöl kommen auf den Tisch und jeder mariniert sich seinen Salat nach eigenem Gusto!
Sorry, bei aller Liebe zu Land und Leuten, aber ich ziehe eine vorher gemixte Marinade vor!

WEINEMPFEHLUNG

Mir fällt dazu ganz spontan der Spumante von Costaripa in Moniga del Garda, der Costaripa Brut 2004, aus 100 Prozent Chardonnay, ein. Seine finessenreichen Aromen von Honig-, Apfel- und Hefenoten harmonieren bestens mit dem raffinierten Salat und dank der unglaublichen Tiefe, Eleganz und Cremigkeit ist er ein ebenbürtiger Begleiter zu diesem feinen Salat.

STACHELIGE KASTANIEN

BASIS KÖSTLICHER GERICHTE

Im Spätherbst dreht sich auf dem Monte Baldo und auf der Hochebene der Lessinia alles um die goldbraunen, glänzenden, reifen Kastanien. Kinderfaustgroß hängen die stacheligen Früchte, dicht gedrängt, an den Baumriesen! Ein hübscher Anblick, aber den Genießer erfreuen Kastanien noch mehr, wenn sie aus der stacheligen Umhüllung gelöst und schmackhaft zubereitet sind. San Zeno di Montagna, hoch über dem Gardasee gelegen, und nur über eine kurvige, aber gut ausgebaute Straße zu erreichen, ist ein Eldorado für Kastanienliebhaber!
Kastanien haben hier eine lange Tradition: Bereits 1285 wurden die weitläufigen Kastanienwälder rund um San Zeno erstmals urkundlich erwähnt. Und diese alte Kastanientradition wird gepflegt und ist durch eine DOP geschützt (eine von der Europäischen Union zertifizierte Ursprungsbezeichnung). Die San-Zeno-Kastanien tragen dieses Gütesiegel zu Recht. Ihre gute Qualität erkennt der Fachmann an der mittelbraunen, glänzenden und dünnen Schale, die in der Mitte mit ausgeprägten Streifen versehen ist. Lediglich drei Früchte darf die stachelige Hülle enthalten. Das innenliegende Kastanienfleisch muss sich leicht häuten lassen, strohgelb sein und fein süßlich duften.
Alljährlich von Mitte Oktober bis Mitte November finden in San Zeno und den umliegenden Bergdörfern heitere Kastanienfeste statt. Aber wer vermutet, da gäbe es nur heiße Maroni und Wein, der irrt. Es ist faszinierend, was Hausfrauen und Köche der Region alles aus den weich gegarten Kastanien zaubern. Viele Ristoranti, Trattorien und Osterien bieten zu dieser Zeit besondere Kastanienmenüs an. Ich rate Ihnen, nach einem wunderschönen Herbstspaziergang einzukehren und sich die köstlichen und raffinierten Gerichte aus der schmackhaften und gesunden Baumfrucht schmecken zu lassen.

EINIGE REZEPTKREATIONEN FINDEN SIE AUCH IM BUCH, Z. B. DIE KÖSTLICHE KASTANIEN-MINESTRONE [SEITE 174], DEN ERFRISCHENDEN FRISÉESALAT MIT KASTANIEN [SEITE 48] UND EINE FEINE KASTANIENCREME [SEITE 42].

INSALATA DI RUCOLA, RADICCHIO, CIPOLLA ROSSA DI TROPEA E MELE

RUCOLA-RADICCHIO-SALAT MIT TROPEA-ZWIEBELN UND APFEL

Äpfel in Hülle und Fülle, dass sieht man bereits von der Autobahn aus, wenn man durch das Trentino fährt. Richtig paradiesisch, im wahrsten Sinne des Wortes, sieht das aber vor allem in den Tälern mit den weitläufigen Apfelplantagen aus, wie z. B. das Val di Non oder auch das Val di Cresta. Insbesondere zur Apfelblüte oder im Herbst, wenn die reifen Früchte die Bäume schmücken, kann man ahnen, weshalb Eva mit einem rotbackigen, wohlduftenden Apfel den Adam verführte. Dass es im Trentino unendlich viele Apfelrezepte gibt, ist nahe liegend. Im Ristorante »**Chiesa**« in Trento steht seit mindestens 20 Jahren ein Apfelmenü auf der Speisekarte.
Tropea-Zwiebeln haben in ganz Norditalien den Gaumen der Genießer erobert. An vielen Ecken bieten Gemüsehändler aus Süditalien diese roten, leicht süßlichen, köstlichen Zwiebeln an.

2 Bund Rucola
1 kleiner Kopf Radicchio
1 mittelgroße Tropea-Zwiebel
2 kleine aromatische Äpfel

FÜR DIE MARINADE
2 EL Salsa di agrodolce di mele (Apfel-Balsamico-Essig)
Salz
frisch gemahlener Pfeffer
5 EL Gardasee-Olivenöl extra vergine
2 EL grob gehackte Pistazien

Rucola waschen und trocken schleudern. Den Radicchio halbieren und die Hälften in breite Streifen schneiden. Die Zwiebel schälen und in feine Scheiben schneiden. Den Apfel schälen und in kleine Würfel schneiden.

Den Apfel-Balsamico-Essig mit Salz und Pfeffer verrühren und das Olivenöl mit einem kleinen Schneebesen unterschlagen.

Die Salatzutaten auf einem großen tiefen Teller oder auch portionsweise in einem Glas hübsch anordnen und mit der Salatsauce beträufeln. Mit Pistazien bestreuen.

TIPP
Hobelt man einen aromatischen Trentingrana-Käse über den Salat, ist es fast eine kleine Mahlzeit.

WEINEMPFEHLUNG
Dazu passt vorzüglich ein leichter, fruchtiger Wein, wie etwa ein lebendiger Schiava, wie der Vernatsch-Wein auf Italienisch heißt, vom sympathischen Winzer Armando Simoncelli in Rovereto.

WEINEMPFEHLUNG

Köstlich dazu ein zartrosafarbener Chiaretto, der Roséwein der Region aus der G-oppello-Traube, z. B. der Molmenti, ein besonders lange gereifter Chiaretto, mit feinen Fruchtnoten, die jedoch nicht zu dominant sind, vom Weingut Costaripa in Moniga sul Garda.

55

Finocchio alla Riviera dei Limoni

MARINIERTER FENCHEL À LA RIVIERA DEI LIMONI

Kapernsträucher wachsen entlang der Riviera dei Limoni wild aus den Steinmauern. Nur wenige Touristen wissen, dass diese hübschen Sträucher, die man entlang der Straße sieht, Kapernsträucher sind. Faszinierend ist, dass an dem wild wachsenden Gestrüpp Blüten, Knospen und Früchte gleichzeitig wachsen. Kapern (das sind die Knospen des Strauches) und Kapernäpfel (die Früchte) werden von Köchen und Hausfrauen entlang des lombardischen Teils des Gardasees entweder in Essig oder in Salz eingelegt, um dann den Speisen eine ganz individuelle Note zu verleihen.

2 Fenchelknollen
Salz
6 EL Gardasee-Olivenöl
12 Cocktailtomaten
2 Knoblauchzehen
1 TL Thymianblättchen
4 EL eingelegte Kapernäpfel mit Stiel
ca. 1/8 l Weißwein
frisch gemahlener Pfeffer
abgeriebene Schale von 1/2 unbehandelten Orange

Die Fenchelknollen waschen, das Grün abschneiden und beiseitelegen. Die Knollen längs in Spalten schneiden und in kochendem Salzwasser in etwa 10 Minuten bissfest garen. Mit dem Schaumlöffel herausheben und nebeneinander in eine mit Olivenöl ausgestrichene, ofenfeste Form legen. Backofen auf 180 °C vorheizen.

Tomaten waschen, mit einer Gabel mehrmals einstechen und zwischen den Fenchelspalten verteilen. Knoblauchzehen abziehen, mit einem großen Messer fein zerdrücken und zusammen mit Thymianblättchen und 3 EL Kapernäpfeln über dem Gemüse verteilen. Mit Wein und restlichem Olivenöl beträufeln und im Ofen auf mittlerer Schiene ca. 30 Minuten backen.

Gemüse herausnehmen, lauwarm abkühlen lassen. Fenchelgrün fein schneiden. Fenchelgrün, Orangenschale und restliche Kapernäpfeln über das Gemüse verteilen und mit knusprigem Weißbrot servieren.

TIPP

Wer keine Kapern mag, der kann die leckere Vorspeise auch mit scharzen Oliven zubereiten, am besten mit den aromatischen Taggiasca-Oliven aus Ligurien.

STRISCE DI ZUCCHINI SOTT'OLIO

EINGELEGTE ZUCCHINISTREIFEN

Gianni Briarava, der Patrone von der »**Antica Trattoria alle Rose**« und des Hotels und Ristorante »**Benaco**« in Salò servierte mir vor vielen Jahren mal diese leckeren Gemüsestreifen zu geschnittenen Schinkenscheiben. Obwohl ich eigentlich nicht so ein großer Fan von Zucchini bin, war ich so begeistert, dass ich immer wieder, wenn ich dort einkehre, danach verlange. Und das würde ich Ihnen auch empfehlen, auch wenn sie nicht auf der Speisekarte stehen, es gibt die feinen Zucchinistreifen eigentlich immer.
Ganz besonders freue ich mich, dass mir seine Frau Cristina, eine leidenschaftliche Köchin, das Rezept verriet. Es ist wirklich einfach nachzumachen und der Erfolg, den Sie bei Ihren Gästen ernten, ist enorm. Allerdings, und darin liegt das Geheimnis des guten Geschmacks: frisch geerntete, möglichst kleine Zucchini und allerfeinstes Gardasee-Olivenöl!

1 kg möglichst kleine Zucchini

AUSSERDEM
3 l Wasser
8–10 EL Weißweinessig
1 EL Pfefferkörner
2 EL Salz
ca. ½ l Olivenöl, extra vergine
6–8 Basilikumblätter
2–3 Knoblauchzehen
3–4 Lorbeerblätter

Die Zucchini waschen und erst der Länge nach in ½ cm dicke Scheiben schneiden, dann längs in etwa ½ cm breite Streifen.

In einem großen Topf das Wasser mit Weißweinessig, Pfefferkörnern und Salz zum Kochen bringen und die Zucchinistreifen darin etwa 2 bis 3 Minuten blanchieren. Auf einen Durchschlag schütten und abkühlen lassen.

Die Zucchinistreifen mit Pfefferkörnern in Schraubgläser füllen und dabei jeweils 1 Knoblauchzehe, 1 Lorbeerblatt und 2 Basilikumblätter dazugeben. Mit Olivenöl aufgießen und mit dem Deckel gut verschließen.

Vor dem Verzehr mindestens einige Tage durchziehen lassen. Die marinierten Zucchinistreifen werden in der »Antica Trattoria alle Rose« zu einem köstlichen rohen Schinken als Antipasti gereicht.

TIPP
Die exakte Ölmenge hängt von der Größe der Gläser ab. Kühl aufbewahrt halten sich die eingelegten Zucchinistreifen mehrere Wochen.

WEINEMPFEHLUNG
Genießt man die feinen Zucchinistreifen mit einem zarten, milden Schinken, z. B. einem Culatello, dann schenkt Gianni gerne einen Franciacorta ins Glas, mit einer feinen Perlage und eleganten Noten.

WEINEMPFEHLUNG

Dazu passt ein eleganter Spumante, wie etwa der Lugana Brut Ca' Maiöl, ein vol mundiger aber dennoch sehr lebendiger Spumante, hergestellt nach der »Metodo classico« (Flaschengärmethode) vom Weingut Provenza, nahe Sirmione.

FIORI DI ZUCCHINI
SU DADOLATA DI VERDURE

GEFÜLLTE ZUCCHINIBLÜTEN AUF GEMÜSEWÜRFELN

Sobald die überall in Italien üppigst gedeihenden Zucchini zu blühen beginnen, stehen die gefüllten Blüten auf allen Speisekarten. Gerne bereitet man im Veneto einen Risotto zu den Zucchiniblüten, aber vorwiegend werden die schönen Blüten gefüllt serviert. Mal frittiert auf einer Tomatensauce, mal einfach nur in der Pfanne gebraten oder, wie hier, schonend im Ofen gegart.

8 frische Zucchiniblüten

FÜR DIE FÜLLUNG
1 große Möhre
1 kleiner Zucchino
2 Selleriestangen
6 EL Gardasee-Olivenöl
2 Thymianzweige
Salz
frisch gemahlener weißer Pfeffer
⅛ l trockener Weißwein
250 g Ricotta
100 g Mozzarella
10–12 große Basilikumblätter

Von den Zucchiniblüten vorsichtig den Blütenstempel im Innern entfernen. Darauf achten, dass die zarten Blütenblätter möglichst unbeschädigt bleiben.

Möhre schälen, Zucchino und Stangensellerie waschen und alles in winzige Würfel schneiden.

In einer beschichteten Pfanne 2 EL Olivenöl erhitzen und die Gemüsewürfel mit den Thymianzweigen anschwitzen. Salzen und pfeffern, mit Wein begießen und in 2 bis 3 Minuten vorgaren. Dann in einer länglichen, feuerfesten Form verteilen. Den Backofen auf 190 °C vorheizen.

Ricotta glatt rühren und die in kleine Würfel geschnittene Mozzarella hinzufügen. Die streifig geschnittenen Basilikumblätter untermischen. Mit Salz und weißem Pfeffer würzen und jeweils mit Hilfe eines Teelöffels in die Zucchiniblüten verteilen. Die Blütenenden vorsichtig zusammendrücken.

Die gefüllten Zucchiniblüten auf den Gemüsewürfeln anrichten und mit dem restlichen Olivenöl beträufeln. Im heißen Ofen in ca. 15 Minuten fertig garen.

Die Blüten auf den Gemüsewürfeln anrichten und mit knusprigem Weißbrot servieren. Schmecken auch lauwarm vorzüglich.

TIPP
Anstelle von Ricotta und Mozzarella werden die knallgelben Blüten auch gerne mit Scampi oder Flusskrebsen oder auch mit Ziegenkäse oder Burrata gefüllt.

WEINEMPFEHLUNG

Ein saftiger Custozawein ist genau richtig dazu, z. B. vom kleinen Weingut Tamburino Sardo, zwischen Sommacampagna und Custoza gelegen.

Insalata di riso con verdure

REISSALAT MIT FRISCHEM GEMÜSE

Reissalate sind bei privaten Einladungen im ganzen Stiefelland sehr beliebt, aber man findet sie auch auf Büfetts, sei es bei größeren Veranstaltungen oder zur Happy Hour in Aperitivo-Bars. Nicht zuletzt deshalb, weil man sie gut vorbereiten kann. Es ist eine der wenigen Ausnahmen, Langkornreis zu verwenden, ansonsten spielen die runden Körner für Risotti die Hauptrolle. Frische Erbsen gedeihen in den Gemüsegärten des Veneto besonders gut. Gerne werden die frisch gepalten Erbsen mit Reis verarbeitet, nachfolgend eine klassische veronesische Version des beliebten Reissalats.

200 g Langkornreis
Salz
400 g Erbsen in Schoten
2 Karotten
2 kleine Zucchini
1 kleine Zwiebel
8 EL Gardasee-Olivenöl extra vergine
100 g Bergkäse, z. B. Monte Veronese, in Scheiben geschnitten
100 g Kochschinken, in Scheiben geschnitten
½ Bund Petersilie
4–6 Minzeblätter
2–3 EL Weißweinessig
4 EL trockener Weißwein
frisch gemahlener Pfeffer

Den Reis in reichlich kochendem Salzwasser in etwa 20 Minuten bissfest kochen. Auf ein Sieb schütten und abtropfen lassen. Dann in eine Schüssel geben, mit einer Gabel lockern und abkühlen lassen.

Die Erbsen aus den Schoten lösen und in wenig kochendem Salzwasser in 3 bis 4 Minuten bissfest kochen.

Die Karotten schälen und wie die Zucchini in kleine Würfel schneiden. Die Zwiebel schälen und in kleine Würfel schneiden. 2 EL Olivenöl in einer Pfanne erhitzen und die Karotten- und Zucchiniwürfel darin 4 bis 5 Minuten anbraten. Beiseitestellen.

Die Käse- und Schinkenscheiben in kleine Würfel schneiden und mit dem angedünsteten Gemüse und den Erbsen unter den abgekühlten Reis mischen. Petersilie und Minze fein hacken und ebenfalls untermischen, dabei ein wenig aufbewahren.

Essig, Wein und Salz verrühren und das restliche Olivenöl unterschlagen. Die Marinade über den Salatzutaten verteilen, gründlich mit zwei Löffeln vermischen und mit Pfeffer herzhaft würzen.

Vor dem Servieren mindestens 2 Stunden durchziehen lassen.

TIPP

Die Gemüsesorten können Sie nach Ihrem eigenen Gusto ändern, wichtig ist, dass das Gemüse so frisch wie nur möglich ist und auf keinen Fall zu weich gegart wird.

INSALATA DI PASTA
CON FAGIOLI E TONNO

NUDELSALAT MIT BOHNEN UND THUNFISCH

Ich kann mich erinnern, dass man in Italien eher selten einen Nudelsalat angeboten bekommen hat. Heute kann man sie in unterschiedlichen Abwandlungen in vielen Feinkostläden kaufen oder die Hausfrau bereitet sie gerne zu, für ein Picknick, das man obligatorisch an Ostern macht, und natürlich im Sommer, wenn man an den Lago zum Baden fährt.
Nebenbei bemerkt, viele Italiener gehen nicht so gerne ins Wasser, höchstens bis zu den Knien. Mehr Spaß macht es ihnen, am Ufer unter einem Baum oder Sonnenschirm zu sitzen und die feinen mitgebrachten Speisen zu genießen.

250 g Fusilli , Salz
150 g junge grüne Bohnen
3 frische Bohnenkrautstängel
1 kleine Dose (125 g) Borlotti-Bohnen von Lamon
je 1 gelbe und rote Paprikaschote
1 kleiner Peperoncino
1 Knoblauchzehe
220 g Thunfisch, in Öl eingelegt
2 Sardellenfilets
2 EL Aceto balsamico
1 EL Rotweinessig
6 EL Oliveröl vom Gardasee
2 EL frisch gehackte Petersilie

Die Nudeln in reichlich kochendem Salzwasser al dente kochen, auf einem Durchschlag abtropfen lassen, dabei ein wenig vom Kochwasser aufbewahren.

Grüne Bohnen mit einem Bohnenkrautstängel in Salzwasser bissfest kochen. Auf ein Sieb geben, mit Eiswasser abschrecken und in mundgerechte Stücke schneiden. Borlotti-Bohnen auf ein Sieb schütten und mit kaltem Wasser abbrausen.

Paprikaschoten halbieren, die Samenkerne entfernen und die Hälften der Länge nach halbieren. Quer in schmale Streifen schneiden. Den Peperoncino halbieren, die Samenkerne entfernen und in Streifen schneiden, die Knoblauchzehe schälen und fein hacken. Den Thunfisch in mundgerechte Stücke zerreißen, Sardellen hacken und mit den beiden Bohnensorten und mit den übrigen Zutaten unter die Nudeln mischen.

Balsamico und Rotweinessig mit Salz verrühren und nach und nach Öl unterschlagen. Über den Salatzutaten verteilen und gründlich vermischen.

Von den restlichen Bohnenkrautstängeln die Blätter abzupfen, fein schneiden und unter den Salat mischen. Mindestens eine Stunde durchziehen lassen und mit Petersilie bestreut servieren.

WEINEMPFEHLUNG

Ein leicht gekühlter Bardolino-Wein schmeckt gut zu diesem rustikalen Nudelsalat, aber kein Superiore, sondern die klassische einfache Version, z. B. von Weingut Le Fraghe in Affi. Leider sind die Bardolino-Weine noch immer ein wenig verkannt. An heißen Sommertagen sind sie jedoch für mich ideale Begleiter zu Pastagerichten, weil sie nicht so alkoholträchtig sind.

OLIVENÖL

Silbrig glänzende Olivenbäume säumen vor allem das Ost- und Südufer, aber auch das Hinterland des Gardasees. Das aus den Früchten gepresste Öl ist exzellent.

FLÜSSIGES GOLD VOM GARDASEE
OLIVENÖL

FEINFRUCHTIG UND GESUND

Die ersten Olivenhaine, die eine Ölproduktion rentabel machen, gedeihen am Nordzipfel des Gardasees, im Trentino. Fährt man die Uferstraße weiter nach Süden, vorbei an Malcesine bis Peschiera prägen mehr und mehr die silbrig glänzenden Bäume die liebliche Hügellandschaft. Zu Recht bezeichnen die Einheimischen das Ostufer als »Riviera delle Olive«. Obwohl die Ölgewinnung im Veneto nur 0,3 Prozent der italienischen Gesamtproduktion ausmacht – bei der Qualität spielt man in der obersten Liga mit. Das Gleiche gilt für die Lombardia, wo die Olivenölproduktion ebenfalls eine bedeutende Rolle spielt und nicht zuletzt für die Miniregion Trentino.

WICHTIG FÜR OPTIMALE QUALITÄT

- Der perfekte Reifegrad der Olive
- Schonende Ernte von Hand oder vorsichtig mit elektrischen Kämmen
- Eine rasche Verarbeitung (innerhalb von vier bis zwölf Stunden nach der Ernte)
- Moderne Pressung und Verarbeitung in Dekantern, die das Öl vom Fruchtwasser und Trester trennen, am besten unter Luftausschluss

WAS BEDEUTET DOP?

Steht auf dem Etikett DOP (Denominazione di Origine Protetta) hat der Verbraucher die Sicherheit, dass die Oliven für dieses Öl in der angegebenen Region gewachsen sind und das Öl dort gepresst und abgefüllt wurde. DOP ist eine geschützte Herkunftsbezeichnung, vergleichbar mit der DOC-Bezeichnung für Wein.

In Trentino gibt es die DOP »Garda Trentino«, die für das Hinterland zwischen Riva und Torbole steht.

Das größte Herkunftsgebiet im Veneto ist die DOP »Garda Orientale« entlang des Gardasees. Vom Valpolicella bis Venedig erstreckt sich die »DOP Veneto«, die wiederum unterteilt ist in kleinere Untergruppen: Valpolicella, Colli Euganei, Berici und Monte Grappa.

In der Lombardia gibt es zwei DOP-Regionen, die »Garda Bresciana« und DOP »Laghi Lombardia«, hinzukommen die Untergruppen »Sebino« und »Lario«.

FLÜSSIGES GOLD VOM GARDASEE
OLIVENÖL

TRADITIONELLE OLIVENÖLSORTEN

Entlang des Seeufers werden vor allem die Sorten Frantoio, Casaliva und Leccino kultiviert. Das sind Olivensorten, die halbreif geerntet ein besonders fruchtig-grasiges Öl ergeben. Auf den Hängen des Valpolicella fühlt sich die widerstandsfähige Sorte Grignana sehr wohl. Das daraus hergestellte Öl ist angenehm fruchtig mit eleganten Artischockennoten.
In den meisten Fällen sind Olivenöle eine Mischung unterschiedlicher Olivensorten. Vor einigen Jahren begannen einige Produzenten reinsortige Olivenöle herzustellen, angeregt vom berühmten italienischen Wein- und Gastropublizisten Luigi Veronelli (gestorben 2004). Zwei Olivenölproduzenten (»Madonna delle Vittorie« im Trentino und »Cominciolli« in der Lombardei) arbeiten in der Gardaseeregion nach seinem vorgegebenen Prinzip: Die Oliven müssen reinsortig sein, von Hand geerntet, entkernt und innerhalb von vier Stunden in modernen Dekantern gepresst werden.

FINESSENREICH UND MILDFRUCHTIG

Die goldgelben Olivenöle mit den grünlichen Reflexen vom Gardasee sind mildfruchtig mit einer angenehmen Schärfe im Abgang.
Typisch ist ein Duft nach frisch gemähtem Gras, vor allem wenn das Öl noch jung ist. Typisch für die Öle der Region sind, je nach Sorte und Lage, feinfruchtige Aromen sowie Noten von Artischocken, frischen Kräutern und Mandeln. Im Unterschied zu den Ölen der Toskana sind Gardasee-Olivenöle wesentlich milder und auch die obligatorische Schärfe im Abgang ist sanfter. Deshalb eignen sie sich bestens, um gegrillten Fisch oder gedünstetes Gemüse damit zu beträufeln.

AUGEN AUF BEIM KAUF!

Achten Sie beim Kauf darauf, dass die Oliven möglichst rasch verarbeitet worden sind und auf das DOP-Zeichen auf dem Etikett, dann haben Sie zumindest die Gewissheit, dass das Öl von dieser Region stammt. Ansonsten ist es ähnlich wie beim Wein eine Frage des Geschmacks und des Geldbeutels!

WO LOHNT ES SICH EINZUKAUFEN?

Rund um den See gibt es zahlreiche Ölmühlen (*frantoio*), die nicht nur das flüssige Gold, sondern einige auch daraus hergestellte kosmetische Produkte zum Kauf anbieten. Denn, das wertvolle Öl ist nicht nur ein gesunder und köstlicher Genuss, sondern auch ein geschätzter Balsam für die Haut.

ADRESSEN VON GUTEN ÖLMÜHLEN SIEHE SEITE 309

WEINEMPFEHLUNG

Paolo bietet dazu ein Glas Spumante aus der Franciacorta an. Für mich öffnete er einen Franciacorta vom Weingut Ferghettina, und zwar Jahrgang 2001. Der Spumante mit seinen eleganten Perlen und mit seinen faszinierenden Brotkrusten-Aromen begleitete hervorragend das raffinierte sommerliche Gericht.

PASTA FRITTA CON MOZZARELLA DI BUFALA E POMODORINI

71

FRITTIERTE PASTA MIT BÜFFEL-MOZZARELLA UND COCKTAILTOMATEN

Kräuter gedeihen rund um den mediterranen See in Hülle und Fülle, werden aber, wie ich in all den Jahren festgestellt habe, äußerst sparsam in der Küche verwendet. Die »**Trattoria Luisa**«, im stark frequentierten Touristenort Peschiera, findet man sicherlich nicht sofort, denn sie liegt etwas außerhalb des Zentrums und wird vor allem von einheimischen Genießern besucht. Ich verdanke es auch meinen italienischen Freunden, dass ich den Koch und Betreiber der Trattoria, Paolo Bazzoli, kennen und schätzen lernte. Seither zählt die Trattoria, die vom Kochstil her ein Ristorante ist, zu meinen ganz persönlichen Favoriten. Da auf meiner Terrasse Salbei und Basilikum üppig gedeihen, überrasche ich meine Gäste gerne mit diesem einfachen, aber köstlichen Appetithäppchen.

FÜR DEN PASTATEIG
140 g fein gemahlenes Vollkornmehl
140 g Mehl, Type 00
100 g fein pürierte Tomaten
40 ml Wasser, Salz
2 cl Tabasco

AUSSERDEM
Gardasee-Olivenöl zum Frittieren

FÜR DIE FÜLLUNG
300 g Büffelmozzarella
300 g Datteltomaten
100 g schwarze und grüne Oliven
1 eingelegter Peperoncino
4 TL Kapern, Salz
frisch gemahlener Pfeffer
etwas Gardasee-Olivenöl, extra vergine

Die angegebenen Zutaten in einer Küchenmaschine zu einem glatten Pastateig verarbeiten. Mit warmen Händen auf einem bemehlten Brett so lange kneten, bis der Teig leicht glänzt. Zu einer Kugel formen und mit Sichtfolie umhüllt mindestens 1 Stunde ruhen lassen.

Mithilfe einer Nudelmaschine in etwa ½ mm dünne Streifen ausrollen und mit einem Teigrädchen in Dreiecke von einer Seitenlänge von 10 cm ausschneiden.

Reichlich Olivenöl in einer Friteuse auf 180 °C erhitzen und die Dreiecke darin in wenige Minuten goldbraun und knusprig braten. Auf zusammengefaltetem Küchenpapier abtropfen lassen.

Für die Füllung die Mozzarella in kleine Würfel schneiden und die Datteltomaten vierteln. Die Oliven entkernen und den Peperoncino in feine Streifen schneiden. Den Backofen auf 190 °C vorheizen.

Mozzarella, Tomaten, Oliven, Peperoncino und Kapern vermischen, salzen und pfeffern und abwechselnd mit den frittierten Teigecken in eine längliche feuerfeste Form schichten. Im heißen Backofen 3 bis 4 Minuten überbacken.

Mit frischen Basilikumblättern garnieren und mit einigen Tropfen Gardasee-Olivenöl extra vergine beträufeln.

TIPP
Es lohnt sich, gleich ein wenig mehr von den Teigdreiecken zu frittieren, da man sie gut in einer verschlossenen Plastikdose mehrere Tage aufbewahren kann. Das Überbacken verleiht ihnen dann erneut Knusprigkeit.

FRITTATA CON FAGIOLI DI LAMON

EIERKUCHEN MIT BOHNEN AUS LAMON

Frittate sind im ganzen Stiefelland sehr beliebt, denn sie sind rasch zubereitet, schmecken je nach beigefügtem Gemüse immer wieder anders und man kann sie sowohl warm als auch kalt essen. Dies ist eine eher herbstliche oder winterliche Variante, die man vor allem im Trentino und im nördlichen Veneto gerne isst, am liebsten natürlich mit aromatischen Bohnen aus Lamon. Das ist eine Hochebene im Veneto, an der Grenze zum Trentino, die vom trockenen und luftigen Klima, nahe den Gipfeln der Dolomiten, begünstigt ist. Die rundlichen, bräunlichen Bohnen sind wegen ihrer Zartheit bei Genießern überaus geschätzt.

100 g getrocknete Bohnenkerne, am besten aus Lamon

FÜR DIE EIMASSE

1 weiße Zwiebel
1 Knoblauchzehe
1 Rosmarinzweig
4 EL Gardasee-Olivenöl
6 Eier
6 EL Milch
20 g Butter
Salz, frisch gemahlener Pfeffer

Die Bohnen in reichlich Wasser über Nacht einweichen. Am nächsten Tag in etwa 45 Minuten bissfest kochen. Die Bohnen dürfen keinesfalls zu weich sein.

Zwiebel und Knoblauch schälen und in Würfel schneiden, die Rosmarinnadeln abzupfen und fein hacken. In einer Pfanne von 28 cm Durchmesser 2 EL Olivenöl erhitzen und die vorbereiteten Zutaten darin andünsten. Die gut abgetropften Bohnen dazugeben und unter Schwenken der Pfanne 3 bis 4 Minuten bei mittlerer Hitze braten.

Die Eier mit der Milch in einer Schüssel verquirlen und über die Bohnen gießen, dabei darauf achten, dass die Bohnen gleichmäßig verteilt sind. Bei schwacher Hitze zugedeckt in etwa 5 Minuten stocken lassen. Dann mit Hilfe des Deckels die Frittata wenden und auch die andere Seite in wenigen Minuten goldbraun braten. Die Frittata auf einen großen Teller stürzen.

TIPP

Entweder warm mit Salat als Mahlzeit für 2 Personen reichen oder abgekühlt in mundgerechte Stücke schneiden und zum Aperitif reichen. Frittate gibt es in ganz Italien und in unterschiedlichen Versionen. Man reicht sie auch gerne bei einem kalten Büfett. Köstlich sind auch Frittate mit Spargel mit Frühlingskräutern oder mit Zucchinischeiben.

WEINEMPFEHLUNG

Zu dieser bäuerlichen Frittata passt sehr gut ein waldbeerenfruchtiger, nicht zu körperreicher Rotwein, wie zum Beispiel ein Marzemino von einem der besten Marzeminowinzer dieser Weinregion im Süden des Trentino, Armando Simoncelli aus Rovereto.

WEINEMPFEHLUNG

Köstlich dazu ein Bardolino Classico, gut gekühlt, weil die angenehmen, fruchtigen Aromen und die Säure sich sehr gut mit den Tomaten vereinen. Außerdem sind die Weine nicht so alkoholreich, und das ist es, was man an heißen Sommertagen schätzt.

MOZZARELLA DI BUFALA
CON RAGÙ DI POMODORI

BÜFFELMOZZARELLA MIT TOMATENRAGOUT

Diese Caprese-Variante habe ich in der »**Enoteca in Piazza**« in Negrar gegessen und sie schmeckte mir so gut, dass ich sofort nach dem Rezept fragte, das mir Mariuccia, die leidenschaftliche Köchin dieser kleinen Enoteca, auch gerne verriet. Das Geheimnis des guten Geschmacks sind vor allem eine frische Büffelmozzarella, vollreife Tomaten und frische Kräuter. Und bei Mariuccia sind Kräuter nicht nur eine Zierde des Gartens oder der Teller, sondern sie würzt üppig damit ihre kreativen Gerichte. Mittlerweile mag ich diese Tomaten-Mozzarella-Version fast lieber als die übliche mit rohen Tomaten. Meine Gäste überrasche ich mit der etwas anderen »Caprese«!

FÜR DAS TOMATENRAGOUT

6 aromatische Flaschentomaten
1 kleine Zwiebel
2 Knoblauchzehen
4 EL Gardasee-Olivenöl, extra vergine
2 Thymianzweige
Salz, fr sch gemahlener Pfeffer
4 frische Oreganostängel

AUSSERDEM

8 mittelgroße Büffelmozzarellakugeln von je 60 g

Die Tomaten kurz in kochendes Wasser tauchen, kalt abbrausen, häuten und in Würfel schneiden. Zwiebel und Knoblauch abziehen und in kleine Würfel schneiden.

Das Olivenöl erhitzen und Zwiebel und Knoblauch darin glasig anbraten, die Tomatenstücke und die Thymianzweige dazugeben. Mit Salz und Pfeffer würzen und bei schwacher Hitze etwa 15 Minuten sanft köcheln lassen. Von der Kochstelle nehmen und die abgezupften, fein geschnittenen Oreganoblätter von zwei Zweigen untermischen. Gut abkühlen lassen.

Die Büffelmozzarellakugeln halbieren und jeweils vier Hälften auf einem Teller mit dem kalten Tomatenragout anrichten. Mit den restlichen abgezupften Oreganoblättern bestreuen.

TIPP

Natürlich kann man auch große Büffelmozzarellakugeln dafür verwenden oder Sie lassen sich die Mozzaralla von einem großen Stück abschneiden, wie man sie am Gardasee in vielen guten Feinkostläden oder auch in gut geführten Supermärkten bekommt.
Sehr fein begleitet das Ragout auch eine gut gekühlte Burrata, ein der Mozzarella ähnlicher Frischkäse, jedoch aus Kuhmilch gemacht, der in kleinen grünen Säckchen eines Liliengewächses abgepackt ist, und immer mehr die Speisekarte rund um den See erobert.

STUZZICHINI DI MOZZARELLA DI BUFALA

BÜFFELMOZZARELLA-SNACK

Die Idee für diesen schnellen Appetithappen kam mir, als sich wieder mal überraschend Gäste zum *aperitivo* ankündigten. Ich öffnete die Kühlschranktür und fand darin, wie im Sommer eigentlich immer, einige mittelgroße Büffelmozzarellakugeln und ein paar Schinkenscheiben. Das knackig frische Basilikum gedeiht auf meiner Terrasse üppig und geht mir den ganzen Sommer über niemals aus. *Ecco!*

4 kleine, etwa 60 g schwere Büffelmozzarellakugeln
8 Scheiben hauchdünn geschnittener Parma- oder San-Daniele-Schinken
16 große Basilikumblätter

AUSSERDEM
Gardasee-Olivenöl, extra vergine

Die Büffelmozzarellakugen mit einem scharfen Messer vierteln.

Schinkenscheiben vorsichtig der Länge nach durchschneiden.

Jedes Mozzarellaviertel erst mit einem Basilikumblatt dann mit einem Schinkenstreifen umwickeln und diesen am Ende gut festdrücken. Mit einem Spießchen oder Zahnstocher fixieren.

Nebeneinander auf einer Platte anrichten und mit einem Schälchen feinstem Gardasee-Olivenöl zum Aperitif reichen. Man nimmt den aufgespießten Mozzarella-Snack, taucht ihn in das köstliche Olivenöl und genießt ihn auf einen Biss.

TIPP
Dieser sommerliche Snack ist wirklich ganz schnell zubereitet und schmeckt dennoch unglaublich lecker, aber nur wenn Sie eine echte frische Büffelmozzarella dafür verwenden und auch einen extrafeinen Parma- oder San-Daniele-Schinken.

WEINEMPFEHLUNG
Ich reiche dazu gerne einen Chiaretto Spumante auf Flaschengärbasis vom Weingut Monte Saline in Cavaion. Der Besitzer Signor Romano Giacomelli war der Erste, der es wagte, einen Chiaretto auf Flaschengärbasis herzustellen und dafür den Wein vor der »Sboccatura« (Dégorgement) zwei Jahre auf der Flasche reifen zu lassen. Das Ergebnis ein feingliederiger, eleganter, lachsfarbener Spumante.

T027

TROTA MARINATA CON STRISCIOLINE DI VERDURE

MARINIERTE LACHSFORELLE AUF GEMÜSESTREIFEN

Als ich zum ersten Mal im Valle dei Laghi diese Vorspeise mit einer gegrillten Polentascheibe serviert bekommen habe, dachte ich zuerst, das sei bereits der Hauptgang. Nicht nur weil der Teller gut gefüllt war, mir schien Polenta zu einer leichten Fischvorspeise schon etwas eigenartig. Heute, nach vielen Jahren in Norditalien, weiß ich, dass für die Trentiner Polenta ein beliebter Brotersatz ist. Ich gebe zu, ich esse lieber Weißbrot zu diesem feinen Fischgericht, aber probieren sollten Sie es auf jeden Fall mit Polenta – wer weiß, vielleicht kommen Sie auf den Geschmack.

FÜR DEN FISCHSUD
je 1 weiße Zwiebel, Möhre und Selleriestange, grob geschnitten
1 Lorbeerblatt
1 Thymianzweig
Schale einer ½ unbehandelten Orange
4 Pfefferkörner, zerdrückt
1 Pimentkorn, zerdrückt
Salz
¼ l trockener Weißwein, am besten Nosiola
¾ l Wasser
1 frische, küchenfertige Lachsforelle (ca. 500 g)

FÜR DIE GEMÜSESTREIFEN
2 große Möhren
1 Lauchstange
1 große, weiße Zwiebel
2–3 EL Weißweinessig
4 EL Gardasee-Olivenöl
2 EL grob gehackte Petersilie

Gemüse mit den Kräutern und Gewürzen in einen ovalen Topf geben, salzen und mit Wein und Wasser begießen. Zum Kochen bringen, die gewaschene Forelle hineinlegen und bei schwacher Hitze in etwa 20 Minuten gar ziehen lassen.

Möhren und Lauch putzen, die Zwiebel schälen und alles in feine Streifen schneiden.
Den Fisch mit einem Schaumlöffel vorsichtig aus dem Sud heben und auf einer Platte leicht abkühlen lassen.

Den Sud durch ein Sieb gießen, mit Salz und Essig abschmecken und die Gemüsestreifen darin bissfest kochen.

Den gegarten Fisch häuten, entgräten und auf einer länglichen Platte anrichten. Mit dem Gemüse belegen und etwas Sud begießen. Mit Olivenöl beträufeln und mit Petersilie bestreuen. Kurz durchziehen lassen.

TIPP
Anstelle der Lachsforelle kann man die Vorspeise auch mit Bachforelle zubereiten, die Garzeit ist dann allerdings etwas kürzer. Eine köstliche Vorspeise wenn man Gäste hat, da man sie bereits Tage zuvor zubereiten kann.

WEINEMPFEHLUNG
Ob mit Polenta oder mit Weißbrot, obligatorisch trinkt man dazu ein Glas Nosiola, den frisch lebendigen Weißwein aus der heimischen, gleichnamigen Rebsorte.

WEINEMPFEHLUNG

Ein cremiger, eleganter Spumante, nach Flaschengärmethode, mit einer feinen Perlage ist die perfekte Begleitung. Mein Favorit zu einem meiner Lieblingssalate ist der Spumante Ferrari Perlé!

INSALATA DI POLPO
CON SEDANO E ARANCE

OKTOPUS-SALAT MIT STANGENSELLERIE UND ORANGE

Eines steht fest: Oktopus, Krake oder Polyp, wie immer sie auch genannt werden, tummeln sich nicht im Gardasee! Es ist also kein traditionelles Gericht! Die Bewohner der Gardaseeufer sind es aber leid, tagein tagaus Fische aus dem Lago zu verzehren, die nebenbei bemerkt, heute nicht mehr ausschließlich aus dem See stammen. Sie lieben ganz besonders auch alles, was das Meer zu bieten hat. Viele Ristoranti bieten ausschließlich Gerichte aus Meeresfisch an, und die Fischläden laden geradezu ein, auch für zu Hause Kraken, Kalamari und Co. einzukaufen. Diesen Salat mag ich sehr gerne, weil die knackigen Selleriescheiben ein raffinierter Kontrast zum weichen Oktopusfleisch sind.

1 mittelgroßer Oktopus (ca. 1,3 kg)
Salz
2 frische Lorbeerblätter
1 Zwiebel
2 Thymianzweige
10 Pfefferkörner
400 g mehligkochende Kartoffeln
4 Stängel Stangensellerie
2 Fleischtomaten
½ frischer Peperoncino
6 EL Gardasee-Olivenöl extra vergine
Saft von 2 Zitronen
Saft und Schale von 1 Orange
frisch gemahlener Pfeffer
1 Bund glatte Petersilie

Den Oktopus waschen und in reichlich Salzwasser mit den Lorbeerblättern, der halbierten Zwiebel mit Schale, Thymian und Pfefferkörnern zum Kochen bringen. Bei schwacher Hitze in 70 bis 80 Minuten garen, dabei nach etwa 30 Minuten die geschälten Kartoffeln dazugeben.

Die Selleriestängel waschen, putzen und in feine Scheiben schneiden. Die Tomaten halbieren, die Kerne herauslösen und die Hälften in Würfel schneiden. Peperoncino halbieren, entkernen und in feinste Streifen schneiden.

Sobald der Oktopus weich ist, mit einem Schaumlöffel herausheben und in kaltem Wasser abkühlen lassen. Die Kartoffeln ebenfalls herausheben, ein wenig abkühlen lassen und in kleine Würfel schneiden. Die Brühe beiseitestellen.

Den Oktopus aus dem kalten Wasser nehmen und von den acht Armen sowie vom Körper die gallertartige Haut mit den Händen abstreifen. Dann in kleine Stücke schneiden und mit Sellerie, Tomaten, Peperoncino und Kartoffeln in einer Schüssel vermischen.

Das Olivenöl mit Salz und den Zitrussäften gründlich verquirlen, einige Löffel von der Kochbrühe hinzufügen und den Salat damit marinieren. Mit frisch gemahlenem Pfeffer würzen und mindestens 1 Stunde durchziehen lassen. Die Petersilie grob hacken und unter den Salat mischen.

TIPP

Wichtig ist, dass der Oktopus zwar weich ist, aber dennoch das Fleisch noch Biss hat. Nichts ist schlimmer, als zu festes oder zu weiches Fleisch, deshalb immer wieder mal zwischendurch eine Gabelprobe machen. Orangensaft und -schale verleihen ihm das gewisse Etwas.

E2

INSALATINA DI LAVARELLO AFFUMICATO CON POMODORINI E OLIVE

SALAT AUS GERÄUCHERTEN FELCHEN, COCKTAILTOMATEN UND OLIVEN

Einfach, aber köstlich, wenn die *materia prima,* also das Ausgangsprodukt, allerbester Qualität ist – das ist die Philosophie des Ristorante »**Al Corsaro**« in Malcesine. Natürlich schmeckt der Salat auf der Terrasse des sehr schicken Ristorante, direkt am See gelegen, noch mal so gut. Roberto, der Küchenchef, hat mir das Rezept verraten, damit Sie es auch zu Hause nachkochen können. Im »Al Corsaro« serviert Ihnen Mario, der Geschäftspartner von Robert, diesen leckeren *antipasto.*

1 geräucherte Blaufelche von ca. 350 g
20 Cocktailtomaten
1 Bund Rucola
1 Handvoll junge Spinatblätter
20 schwarze, entkernte Oliven
4 EL Kapern
8 EL Gardasee-Olivenöl
Salz, frisch gemahlener Pfeffer

Die Blaufelche häuten, filetieren und von allen Gräten befreien. Das Fischfleisch in kleine Stücke zupfen.

Die Cocktailtomaten waschen und vierteln. Die Salatblätter waschen und auf einem Durchschlag gut abtropfen lassen.

Oliven, Kapern und Olivenöl in einem Mixer nicht zu fein pürieren und mit Salz und Pfeffer würzen.

Auf einem Teller jeweils ein Nest aus Salatblättern anrichten, darauf die Tomaten verteilen und darüber die geräucherten Fischstücke anrichten. Je einen Löffel von der Olivenmarinade darüberträufeln und den Teller mit einem Streifen der würzigen Marinade garnieren.

TIPP

Je nach Region heißen die typischen Fische aus dem See entweder »Corregone« oder »Lavarello«, ebenso wie bei uns die gleiche Fischart in Bayern Renken heißen und im Bodensee Blaufelchen. Egal wie sie heißen, sie sind »die« Fische von Binnenseen und allseits sehr beliebt, vor allem auch fein geräuchert.

WEINEMPFEHLUNG

Ein cremiger Lugana Superiore, wie z. B. der Le Creete vom Weingut Ottella hat die nötige Power, den kräftigen Aromen von Räucherfisch, Oliven und Kapern standzuhalten und dennoch nicht zu vordergründig zu sein.

INSALATA DI GAMBERI D'ACQUA DOLCE AL MELONE

SALAT MIT SÜSSWASSERKREBSEN UND MELONE

Das Gleiche wie beim vorhergehenden Rezept gilt für diesen Salat! Auch hier ist der Erfolg nur garantiert, wenn die Flusswasserkrebse frisch und die Melone optimal reif ist. »Dann ist alles ganz einfach«, erklärt Roberto, *lo chef* vom Ristorante »**Al Corsaro**« in Malcesine!

300 g frische Flusskrebse, ohne Schale
1 vollreife Cantaloup-Melone
je 1 Handvoll Rucola und junge Spinatblätter

FÜR DIE MARINADE

Salz
Saft von ½ Zitrone
2 EL mind. 8 Jahre gereifter Aceto balsamico
5 EL Gardasee-Olivenöl, extra vergine
frisch gemahlener Pfeffer

Die Flusskrebse kurz waschen und trocken tupfen.

Die Melone halbieren, die Kerne mit einem Löffel herauslösen, dann schälen. Das Fruchtfleisch in etwa 2 cm große Würfel schneiden. Salatblätter sorgfältig verlesen, waschen und auf einem Durchschlag gut abtropfen lassen.

Die Salatblätter auf einen Glasteller häufen. Die Melonenwürfel und die Flusskrebse darauf verteilen.

Für die Marinade Salz mit Zitrone und Essig so lange verquirlen, bis sich das Salz gelöst hat, dann das Öl mit einem kleinen Schneebesen unterschlagen und den Salat damit gleichmäßig beträufeln. Mit frisch gemahlenem Pfeffer bestreuen.

TIPP

Obwohl natürlich auch am Gardasee Flusskrebse häufig aus der Zucht kommen, gibt es die köstlichen Süßwasserkrebse tatsächlich noch in vielen Bächen rund um den See. Da die Tiere sehr sensibel auf Verunreinigungen reagieren, sind Flusskrebse immer ein Garant für eine biologisch einwandfreie Wasserqualität.

WEINEMPFEHLUNG

Ein zwiebelschalenfarbener Chiaretto, nicht zu fruchtig, sondern eher elegant wie z. B. Chiaretto vom Weingut Le Chiusure, das auf der anderen Seite des Lago in San Felice liegt, ist die perfekte Begleitung zu diesem erfrischenden Sommersalat à la »Al Corsaro«.

INSALATA DI RAPERONZOLO CON PANCETTA, PARMIGIANO E UOVA

RAPERONZOLOSALAT MIT PANCETTA, PARMESAN UND EIERN

Raperonzolo? Nie gehört? Dann geht es Ihnen wie mir! Deshalb bestellte ich mir voller Neugierde den Salat, den mir Paolo Bazzoli, der Koch und Besitzer der **»Trattoria Luisa«**, begeistert angepriesen hat. Schon der Anblick begeisterte mich und erst vermutete ich auch hinter diesem zungenbrecherischen Wort einen Feldsalat, bis ich die weißen, etwa zündholzdicken Wurzeln entdeckte und auch die leicht gekrausten Blätter genau musterte. Es ist ein Wildsalat, den es im Vorfrühling, etwa bis Ende April gibt. Eine Gärtnerei in Lonato hat sich auf diese wilde Pflanze spezialisiert und liefert das feinwürzige Blattgemüse an gut geführte Gemüseläden und an Ristoranti, die sich für besondere Spezialitäten interessieren, wie z. B. die »Trattoria Luisa« in Peschiera. *Semplice ma buono* – einfach, aber gut, das trifft auf den Salat hundertprozentig zu.

4 Handvoll Raperonzolo
4 etwa 2–3 mm dicke Pancettascheiben
4 EL Gardasee-Olivenöl
2–3 EL Weißweinessig
80 g Parmigiano Reggiano
4 hart gekochte Eier, grob gehackt
frisch gemahlener Pfeffer

Den Raperonzolo sorgfältig waschen und auf einem Durchschlag gut abtropfen lassen.

Die Pancetta in Würfel schneiden. Das Olivenöl in einer Pfanne erhitzen und die Speckwürfel bei nicht zu starker Hitze langsam goldbraun und knusprig braten. Mit Essig ablöschen und in der Pfanne ein wenig abkühlen lassen.

Den Salat bergartig auf vier vorgewärmte Tellern häufen und die Speckwürfel samt Öl und Essig mit einem Esslöffel gleichmäßig darüber verteilen.

Den Käse auf einer groben Reibe darüberraspeln oder in dünne Späne schneiden. Zum Schluss mit den grob gehackten Eiern und frisch gemahlenem Pfeffer bestreuen und sofort servieren.

TIPP

Paolo verriet mir noch, dass man unbedingt darauf achten sollte, dass der Teller angewärmt ist! Eigentlich nicht üblich, wenn man Salat darauf anrichtet, aber das ausgelassene Fett der Pancetta würde sonst erstarren und sich nicht mit dem Salat verbinden.

WEINEMPFEHLUNG

Wir tranken zu diesem Wildkräutersalat einen vollmundigen und sehr eleganten Chardonnay aus dem Custoza, vom Weingut Corte Gardoni. Die cremig-fruchtigen ausgewogenen Noten und die Tiefe des Chardonnays machten ihn zu einem perfekten Begleiter.

BIZERBA
6

WEINEMPFEHLUNG

Dazu passt einer der guten eleganten Spumanti »Metodo Classico«, die es im Trentino gibt, da eine feine Perlage das Gericht bekömmlicher macht und die Noten von weißen Früchten, typisch für die Chardonnaytraube, perfekt die leckere Vorspeise untermalen.

MARINIERTE ROULADEN VOM WALLER (WELS)

Diese saftig aromatische Vorspeise, allerdings mit Gardasee-Aal zubereitet, gab es vor vielen Jahren als Begrüßungshäppchen bei Walter Miori, als er noch in seinem Sternerestaurant »**Fior di Roccia**« in Lon di Vezzano – im Valle dei Laghi kochte. Ich habe dort immer sehr gerne gegessen, auch wenn es ein wenig abseits lag, schon alleine wegen seiner leckeren Aalröllchen zur Begrüßung. Für mein Kochbuch hat er mir sein Rezept verraten, aber leider bekam er zu der Zeit als Erica fotografierte keinen frischen Aal, und so hat er es mit *pesce gatto* – also Katzenfisch, bei uns besser bekannt als Waller oder Wels, zubereitet.

FÜR DIE MARINADE

4 rote Zwiebeln, in feine Streifen geschnitten
2 Karotten, in Julienne geschnitten
2 Selleriestangen, in Julienne geschnitten
je 1 Thymian- und Rosmarinzweig
2 Lorbeerblätter
1 TL Pfefferkörner
ca. 200 ml Gardasee-Olivenöl
6 cl Grappa
400 ml Weißweinessig

AUSSERDEM

2 frische Dillzweige
einige Minzeblätter
3 Petersilienstängel
4 bis 5 EL Gardasee-Olivenöl
600 g Welsfilets (Wallerfilets)
Salz, frisch gemahlener Pfeffer

VOR DEM SERVIEREN

frisch gehackte Petersilie

Die vorbereiteten Gemüsestreifen in einen breiten Topf geben. Die Aromaten hinzufügen und mit Olivenöl begießen, bis alles bedeckt ist. Zum Kochen bringen und mindestens 1 Stunde bei sehr schwacher Hitze zugedeckt köcheln lassen.

Nach einer Stunde mit Grappa begießen und einkochen lassen. Dann nach und nach den Weißweinessig hinzufügen und eine weitere Stunde bei schwacher Hitze köcheln lassen.

Dill, Minze und Petersilie miteinander fein hacken und mit 1 bis 2 EL Olivenöl vermischen.

Die Fischfilets mit Salz und Pfeffer würzen und die Hautseite mit der Kräutermischung bestreichen. So aufrollen, dass die Fleischseite des Fischfilets außen ist. Mit einem Zahnstocher die Enden feststecken.

Das restliche Olivenöl erhitzen und die Fischröllchen darin einige Minuten goldgelb anbraten. Dann in den Sud mit dem Gemüse geben und noch weitere 15 Minuten sanft kochen lassen.

Leicht abgekühlt in eine gut verschließbare Schüssel oder Plastikform geben und im Kühlschrank mindestens 10 Tage ruhen lassen.

Vor dem Servieren die Röllchen mit einem scharfen Messer in Scheiben schneiden, auf den Gemüsestreifen anrichten und mit Petersilie bestreut mit knusprigem Weißbrot servieren.

TIPP

Eine ideale Vorspeise, wenn man Gäste hat, da man sie schon viele Tage vorher zubereiten muss, weil sie von Tag zu Tag besser schmeckt. Lauwarm serviert sind sie noch einen Touch besser.

SARDE DEL LAGO IN CARPIONE CON POLENTA ABBRUSTOLITA

MARINIERTE GARDASEE-SARDINEN MIT GEBRATENER POLENTA

In der Trattoria »**La Pepola**« in Calvagese, im Hinterland von Manerba sul Garda, hat Gerardo, der gemeinsam mit Mamma in der Küche agiert, ein uraltes Brescianer Traditionsrezept ein wenig verfeinert und unserem Zeitgeschmack angepasst, damit die köstliche Vorspeise bekömmlicher wird.

8 küchenfertige Gardasee-Sardinen
200 ml Gardasee-Olivenöl
2 EL Basilikumblätter, fein geschnitten
1 EL frische Majoranblätter, gehackt
Schale von je ½ Zitrone und Orange
1 große Tropea-Zwiebel
¼ l Weißweinessig
¼ l Wasser
Salz

FÜR DIE POLENTA
1 l Salzwasser
400 g gelbes Maismehl

Die Sardinen am besten gleich beim Fischhändler fi etieren lassen. Den Ofen auf 80 °C vorheizen.

2 EL Olivenöl in eine feuerfeste Auflaufform gießen und die Fischfilets nebeneinander hineinlegen. Salzen und etwa 20 Minuten im Ofen garen lassen.

In einer Schüssel 150 ml Olivenöl mit den Kräutern und den in feinste Streifen geschnittenen Zitrusschalen vermischen. Die Zwiebel schälen und in feine Streifen schneiden.

In einem Topf Essig und Wasser um die Hälfte einkochen lassen. Die Zwiebelstreifen hineingeben und etwa 4 Minuten garen, bis fast alle Flüssigkeit verdampft ist.

In einer Form abwechselnd die Sardinenfilets, die Kräuter-Öl-Mischung und die Zwiebeln schichten. Zugedeckt im Kühlschrank mindestens 3 Tage marinieren.

Polenta siehe Zubereitung auf Seite 176. Die heiße Polenta auf ein nasses Brett gießen und mit einer Spatel etwa 5 cm hoch zu einem Rechteck formen. Erkalten lassen, in Scheiben schneiden und auf dem Grill oder in der Pfanne mit wenig Olivenöl in 2 Minuten auf jeder Seite goldgelb braten.

WEINEMPFEHLUNG

Ein Glas feingliedriger Lugana, z. B. von der Tenuta Roveglia, harmoniert bestens mit der Vorspeise, da der Wein über eine finessenreiche Mineralität verfügt.

WEINEMPFEHLUNG

Gerne trinke ich dazu ein Gläschen Franciacorta Brut, z. B. vom Weingut Ferghettina in Adro am Lago d'Iseo, im Herzen der Franciacorta, weil er dank seiner Cremigkeit und feinen Perlage köstlich zu diesen superleckeren Häppchen passt.

PIADA ARROTOLATA CON SALMONE MARINATO, STRACCHINO E MOSTARDA DI POMODORI VERDI

93

PIADA-RÖLLCHEN MIT RÄUCHERLACHS, STRACCHINO UND MOSTARDA

Lara und Andrea betreiben seit vier Jahren »**Le Gemme di Artemisia**«, ein Ristorante der besonderen Art über den Dächern von Albisano. Wenn ich mal mittags vorbeikomme und Andrea in seiner Küche bei der Vorbereitung für den Abend ist, dann gibt es oft Piada-Röllchen – immer gefüllt mit dem, was er gerade zur Hand hat. Auch der Teig ist immer in seinem Vorrat, da er sich in eine Plastiktüte verpackt lange hält.

FÜR DEN TEIG

250 g Weizenmehl
250 g Vollkornmehl
Salz
30 g frische Hefe
2 EL Gardasee-Olivenöl
ca. ¼ l lauwarmes Wasser

FÜR DIE FÜLLUNG

200 g Räucherlachs in Scheiben
150 g Stracchino-Käse
½ Glas Mostarda aus grünen Tomaten

Beide Mehlsorten in einer Schüssel vermischen, salzen, die Hefe darüberbröseln und das Olivenöl hinzufügen. Am einfachsten mit den Knethaken eines Handrührgeräts vermischen und so viel lauwarmes Wasser hinzufügen, wie das Mehl aufnehmen kann und ein geschmeidiger Teig entsteht.

Dann auf ein Backbrett geben und mit möglichst warmen Händen noch etwa weitere 5 Minuten kneten, bis die Oberfläche glatt und leicht glänzend ist. Mit einem Tuch bedeckt im warmen Raum 3 bis 4 Stunden aufgehen lassen.

Den Teig erneut mit warmen Händen zu kleinen Portionskugeln formen und mit einem Tuch bedeckt 1 weitere Stunde aufgehen lassen.

Mit einem Nudelholz zu runden, dünnen Fladen mit einem Durchmesser von 28 cm ausrollen und entweder auf einer Grillplatte oder in einer beschichteten Pfanne auf jeder Seite 2 bis 3 Minuten bei nicht zu starker Hitze mit wenig Olivenöl braten.

Jeden Teigfladen mit Scheiben von Räucherlachs, einige Stückchen Stracchino und etwas von der Mostarda von grünen Tomaten belegen. Aufrollen und in schräge zweifingerbreite Scheiben schneiden. Zum Aperitif oder mit Salat als kleine Vorspeise reichen.

TIPP

Der Füllung der »Piada« sind keine Grenzen gesetzt. Die Fladen sind eigentlich eine Spezialität aus der Romagna, mittlerweile bekommt man sie auch schon mal im Veneto – und ich freue mich darüber, denn das ist wirklich ein gesunder und witziger Snack zum »Aperitivo« oder für den Hunger zwischendurch.

BRANZINO AGLI AROMI DELLA RIVIERA DEI LIMONI

WOLFSBARSCH MIT AROMEN DER RIVIERA DEI LIMONI

Im traumhaften »**Grand Hotel Fasano**« fühlen sich deutsche Gäste besonders wohl, nicht zuletzt deshalb, weil Familie Mayer, die Besitzer, ursprünglich aus Deutschland kommt. Ihre beiden sympathischen Söhne Olliver und Patrick, die das Hotel und die »**Villa Principe**« sowie die schicke Bar »**Darsena**« in Barbarano heute leiten, sind hier aufgewachsen und im Herzen bereits Italiener, obwohl sie ihre Muttersprache sehr gut beherrschen. Ihr Küchenchef Matteo ist ganz in der Nähe von Gardone geboren und verwöhnt mit *grande passione* die Gäste des Hauses. Gerne kombiniert er – den Ansprüchen der Hotelgäste angepasst – internationale Gerichte mit heimischen Produkten, wie zum Beispiel diese exquisite Vorspeise.

1 küchenfertiger Wolfsbarsch von ca. 600 g
2 Zitronenthymianzweige
2 EL Gardasee-Olivenöl
150 g vollreife Datteltomaten
6 EL Gardasee-Olivenöl, extra vergine
2 Thymianzweige
6 EL eingelegte Kapernäpfel, von der Riviera dei Limoni
4 EL kleine schwarze Oliven, ohne Kern
100 ml Fischfond

Backofen auf 180 °C vorheizen. Den Wolfsbarsch waschen und die Thymianzweige in die Bauchhöhle stecken. Ein ausreichend großes Stück Alufolie mit Olivenöl auspinseln, den Fisch darauflegen und sorgfältig verschließen. Im heißen Backofen in etwa 25 Minuten garen.

Aus der Folie nehmen und etwas abkühlen lassen. Anschließend häuten und sorgfältig entgräten. Das Fischfleisch in kleine Stücke zerpflücken.

Die Datteltomaten waschen und vierteln. Olivenöl in einer beschichteten Pfanne erhitzen und die Tomaten mit Thymian darin anschwitzen. Kapern und Oliven dazugeben und kurz durchschwenken. Mit Salz und Pfeffer würzen und diese Mischung bis auf ein Drittel auf vier Teller verteilen.

Die restliche Mischung mit dem Fischfond begießen und bei starker Hitze einige Minuten einkochen lassen. Dann in ein Spitzsieb geben und durchpassieren.

Das Fischfleisch auf der Tomaten-Kapern-Oliven-Mischung verteilen und mit dem durchpassierten Tomaten-Kapern-Oliven-Fond beträufeln.

WEINEMPFEHLUNG

Dazu gab es bei einem kulinarischen Rundgang zum Abschluss der Saison im »Grand Hotel Fasano« einen feinen Chiaretto Rose Spumante vom Weingut Pratello.

TIPP

Bei dieser superfeinen Vorspeise spielen die verwendeten Produkte die erste Geige, denn hier sind die Aromen des Sommers die Protagonisten. Besonders aromatisch sind die kleinen, schwarzen Taggiasca-Oliven aus Ligurien und natürlich frisch eingelegte Kapern vom Lago, vereint mit feinstem Gardasee-Olivenöl.

46

ERBE FRITTE

FRITTIERTE KRÄUTERBLÄTTER

Kräuter gedeihen rund um den mediterranen See in Hülle und Fülle, werden aber, wie ich in all den Jahren festgestellt habe, äußerst sparsam in der Küche verwendet. Da auf meiner Terrasse Salbei und Basilikum üppig gedeihen, überrasche ich meine Gäste gerne mit diesem einfachen, aber köstlichen Appetithäppchen.

FÜR DEN TEIG

100 g Mehl
Salz
⅛ l Chiaretto Spumante
1 Eiweiß

AUSSERDEM

½ l Gardasee-Olivenöl
je 10 frische, schöne Salbei- und Basilikumblätter

Mehl und Salz vermischen und nach und nach unter Rühren mit einem Schneebesen den Spumante unterrührer. Zu einem glatten Teig verrühren und zum Schluss das steif geschlagene Eiweiß gleichmäßig unterziehen.

In einer Sauteuse das Olivenöl auf 180 °C erhitzen. Die Blätter einzeln durch den Teig ziehen, dabei darauf achten, dass die Blätter möglichst gleichmäßig überzogen sind. Immer nur wenige Blätter ins heiße Öl geben und in etwa 2 Minuten auf einer Seite goldgelb backen.

Mit einer Gabel wenden und auch die zweite Seite goldgelb und knusprig backen. Mit einem Schaumlöffel herausheben und auf Küchenpapier abtropfen lassen.

TIPP

Am besten schmecken die frittierten Kräuterblätter frisch aus der Pfanne.

WEINEMPFEHLUNG

Bei mir gibt es dazu einen Chiaretto Spumante, z. B. den fruchtig spritzigen Schaumwein vom Weingut Zeni.

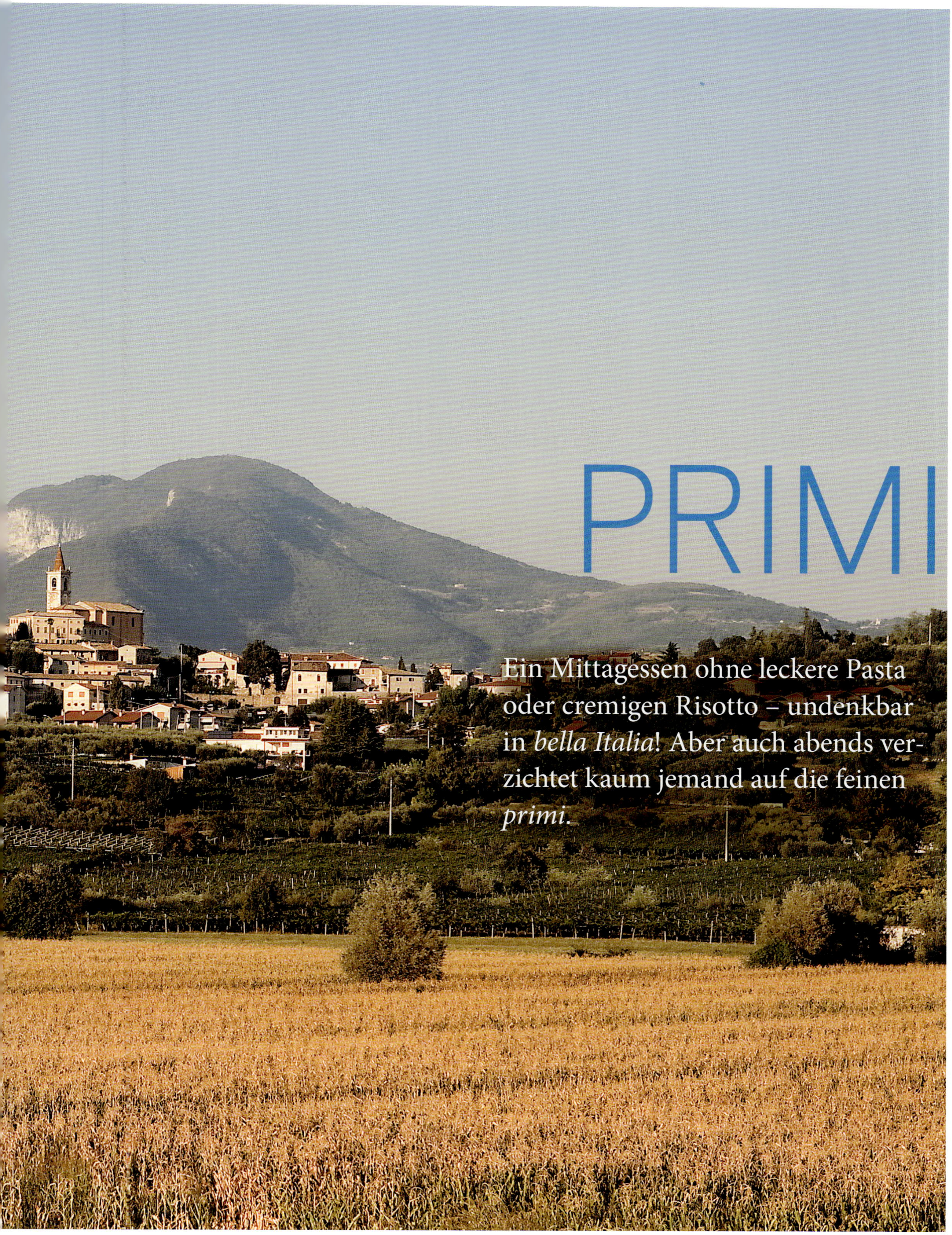

PRIMI

Ein Mittagessen ohne leckere Pasta oder cremigen Risotto – undenkbar in *bella Italia*! Aber auch abends verzichtet kaum jemand auf die feinen *primi*.

WEINEMPFEHLUNG

Obligatorisch trinke ich, wie die meisten anderen Gäste des stark frequentierten Ristorante auch, einen Custoza Classico vom Weingut Cavalchina, weil der Wein mit seinen feinen Fruchtnoten super zu den zarten Nudeltäschchen passt.

NODI D'AMORE –
TORTELLINI DI VALEGGIO

101

LIEBESKNOTEN-TORTELLINI VON VALEGGIO

Seit ich viel Zeit am Gardasee verbringe, mache ich Tortellini nicht mehr selbst, denn ich bin in kurzer Zeit im Ristorante »**Alla Borsa**« und dort schmecken die hauchzarten Liebesknoten einfach unglaublich gut. Man kann im weiten Umkreis Einheimische fragen, wo man die besten Tortellini bekommt, und die Antwort lautet einhellig: im »Alla Borsa«! Der sympathische Familienbetrieb ist seit über 50 Jahren das Ziel der Begierde begeisterter Tortellini-Genießer, von weit und fern. Dennoch, wer nicht wie ich am Gardasee lebt und Lust auf die zarten Tortellini hat – *ecco* – das Rezept von Nadja vom »Alla Borsa«!

FÜR 8 BIS 10 PERSONEN

FÜR DEN PASTATEIG

1 kg Mehl
10 Eier
1 Prise Meersalz
1–2 EL Gardasee-Olivenöl, extra vergine

FÜR DIE FÜLLUNG

1,2 kg Rindfleisch, gegart
50 g mageres Schweinefleisch
50 g Kalbfleisch
25 g Hühnermagen
25 g Hühnerleber
etwas Gardasee-Olivenöl, extra vergine
1 Glas Weißwein, z. B. Bianco di Custoza
etwas frisch geriebenes Weißbrot
1 Ei
frisch geriebene Muskatnuss
Meersalz
frisch gemahlener Pfeffer

AUSSERDEM

40 g Butter
einige frische Salbeiblätter
3–4 El Fleischbrühe
frisch geriebener Parmesan, nach Geschmack

Die angegebenen Zutaten zu einem Nudelteig verarbeiten und mindestens 1 Stunde ruhen lassen.

Den Teig in mehrere Teile schneiden und jedes Teigstück am besten mit Hilfe einer Nudelmaschine möglichst dünn ausrollen. Je dünner, desto besser, das ist das Geheimnis des Geschmacks!

Für die Füllung die Fleischsorten klein hacken und nacheinander in etwas Olivenöl anbraten, mit Wein aufgießen und langsam weich schmoren. Abkühlen lassen und alles zusammen in der Küchenmaschine pürieren. Das Ei unter diese Masse rühren und so viel frisch geriebenes Weißbrot hinzufügen, bis eine geschmeidige, formbare Masse entsteht. Mit frisch geriebener Muskatnuss, Salz und Pfeffer herzhaft würzen. Kurz ruhen lassen.

Die Teigblätter in Quadrate (3 x 3 cm) schneiden. Mit einem kleinen Löffel jeweils etwas Füllung in die Mitte häufen, die Quadrate zu einem Dreieck zusammenklappen und zu Tortellini formen. Auf einem bemehlten Brett mit einem Küchentuch bedeckt kurz ruhen lassen.

In reichlich kochendem Salzwasser 2 Minuten garen, bis sie an die Wasseroberfläche kommen.

Mit einem Schaumlöffel herausheben und gut abgetropft entweder in heißer Salbeibutter schwenken oder in einer herzhaften Fleischbrühe servieren.

TIPP

Dieses Rezept macht richtig Arbeit, und deshalb lohnt sich der Aufwand nur, wenn man gleich eine größere Menge zubereitet. Da sie so köstlich schmecken, wird kaum was übrig bleiben und wenn doch, kann man sie roh sehr gut einfrieren.

WEINEMPFEHLUNG

Ein Glas »Câ del Magro«, ein Custoza Superiore der Kellerei Monte del Frá, ist wegen seiner ausgewogenen Lebendigkeit und seinen zarten Zitrusnoten im Abgang eine perfekte Begleitung zu diesen feinen Tortelloni.

TORTELLONI CON SEDANO DI VERONA
E MONTE VERONESE MEZZANO

103

TORTELLONI MIT SELLERIE-KÄSE-FÜLLUNG

Vorwiegend werden in Italien anstelle der Sellerieknollen die Stangen verwendet. In und um Verona verarbeitet man allerdings auch gerne die Knollen und weil das typisch veronesisch ist, spricht man vom *sedano di Verona*. Ich kaufe mir diese Tortelloni natürlich beim **»Pastificio Remelli«** in Valeggio, direkt vis-à-vis der Kirche. Sein schöner Laden ist nicht nur wegen der täglich frisch gemachten Pasta und Tortellini ein Schlaraffenland, es gibt zudem feinste, selbst gemachte Kuchen und zahlreiche, exquisite Produkte aus der Region.

FÜR DEN PASTATEIG

400 g Mehl
4 Eier
1 Prise Salz

FÜR DIE FÜLLUNG

1 kleine Sellerieknolle
20 g Butter
Salz
200 g Ricotta
3–4 EL frisch geriebener Mcnte Veronese, mittelalt
frisch geriebene Muskatnuss

AUSSERDEM

1 Karotte
2 Selleriestangen
40 g Butter
⅛ l Gemüse- oder Hühnerbrühe
2 EL frisch gehackte Petersilie
frisch geriebener Grana Padano nach Geschmack

Die angegebenen Zutaten zu einem Nudelteig verarbeiten und mindestens 1 Stunde ruhen lassen.

Die Sellerieknolle schälen und in grobe Stücke schneiden. In der zerlassenen Butter anschwitzen, ohne Farbe nehmen zu lassen, salzen und mit Wasser bedecken. Zugedeckt in etwa 30 Minuten bei schwacher Hitze weich kochen. Auf einem Sieb gut abtropfen und abkühlen lassen. Im Mixer pürieren und mit der Ricotta und dem geriebenen Käse zu einer formbaren Masse verarbeiten. Falls nötig noch etwas Käse oder Semmelbrösel hinzufügen. Mit Salz und Muskat würzig abschmecken.

Den Nudelteig sehr dünn ausrollen, je dünner umso feiner die Tortelloni. Die Teigplatte in 5 x 5 cm große Quadrate schneiden. Jeweils mit einem kleinen Löffel etwas Füllung in die Mitte häufen und die Quadrate auf ein Dreieck zusammenfalten. Dann zu Tortelloni formen und auf einem bemehlten Backblech ein wenig ruhen lassen.

Karotte und Stangensellerie in winzig kleine Würfel schneiden. Die Butter in einer großen Pfanne aufschäumen lassen und die Gemüsewürfel darin kurz anschwitzen. Mit Brühe aufgießen und in wenigen Minuten bissfest garen.

In einem Kochtopf reichlich Salzwasser erhitzen und die Tortelloni darin in wenigen Minuten al dente garen. Sie sind gar, wenn sie an der Oberfläche schwimmen. Mit einem Schaumlöffel herausheben und sofort in die Pfanne mit den Gemüsewürfeln geben. Kurz durchschwenken, mit Petersilie bestreuen und auf vier Teller verteilen. Den frisch geriebenen Grana Padano getrennt dazu reichen.

TIPP

Hierzulande werden die Tortelloni meist in Salbeibutter geschwenkt, ich bin jedoch der Ansicht, dass die kleinen Gemüsewürfel dem Gericht noch mehr Pep und Leichtigkeit verleihen. Dass es uns geschmeckt hat, sieht man!

TORTELLONI CON PASTA ALL'AMARONE E BRASATO DI MANZO

AMARONE-TORTELLONI MIT RINDERSCHMORBRATENFÜLLUNG

Guido Remelli, der bekannte *pastificio* von Valeggio hat mir einige seiner Rezepte verraten, die seine emsigen Köchinnen Tag für Tag für die Genießer im ganzen Umkreis zubereiten. Wenn man hier vor Ort ist, kann man sich die Mühe, sie selbst zu machen natürlich sparen, aber da man nicht immer Urlaub hat und vielleicht auch zu Hause mal Lust auf die raffinierten Amarone-Tortelloni, hier das Rezept!

FÜR DIE FÜLLUNG
400 g Rindfleisch (Kugel oder Nuss)
Salz, frisch gemahlener Pfeffer
3 EL Gardasee-Olivenöl
1 Karotte
1 Selleriestange
2 Knoblauchzehen
1 Rosmarinzweig
1 Thymianzweig
2 zerdrückte Wacholderbeeren
1 Stückchen Zimtstange
½ l kräftiger Rotwein, z. B. ein Valpolicella Superiore

FÜR DEN PASTATEIG
400 g Mehl, Type 00
1 Eiweiß
ca. 300 ml Amarone
1 Prise Salz

AUSSERDEM
350 ml Valpolicella Superiore
150 ml Fleischbrühe
30 g Butter
frisch geriebener Parmesan nach Geschmack

Für die Füllung das Rindfleisch mit Salz und Pfeffer würzen und im heißen Olivenöl rundherum anbraten. Karotte und Sellerie in Stücke schneiden, die Knoblauchzehen schälen und mit den Kräutern und Gewürzen zum Fleisch geben und mit anbraten. Mit Rotwein ablöschen und zugedeckt in etwa 2 Stunden weichschmoren. Abkühlen lassen und mit dem Fleischsaft im Mixer fein pürieren. Falls die Masse zu weich ist, noch etwas Semmelbrösel hinzufügen und herzhaft abschmecken.

Mehl, Eiweiß, Amarone und Salz zu einem glatten Nudelteig verarbeiten und mit Folie umhüllt mindestens 1 Stunde ruhen lassen.

Den Nudelteig sehr dünn ausrollen, je dünner umso feiner die Tortelloni. Die Teigplatte in 6 x 6 cm große Quadrate schneiden. Jeweils einen Espressolöffel der Füllung in die Mitte häufen und die Quadrate auf ein Dreieck zusammenfalten. Dann mit den Fingern zu Tortelloni formen und auf einem bemehlten Backblech ein wenig ruhen lassen.

Für die Sauce den Rotwein mit der Brühe so lange köcheln lassen, bis die Mischung sirupartig wird. Die kalte Butter in kleinen Stückchen unterschlagen.

Die Tortelloni in kochendem Salzwasser in wenigen Minuten garen, mit einem Seihlöffel herausheben und auf vier tiefe Teller verteilen. Mit der Rotweinsauce begießen. Parmesan getrennt dazu reichen.

TIPP
Bei der Nudelteigzubereitung ist Fingerspitzengefühl angesagt, denn das Gewicht der Eiweiße schwankt und jedes Mehl nimmt die Flüssigkeit ein wenig anders auf. Der Teig darf weder zu weich noch zu fest sein, damit er sich gut ausrollen lässt. Prüfen Sie einfach mit Ihren Händen.

WEINEMPFEHLUNG

Perfekt dazu ist natürlich ein Glas Amarone, aber die köstlichen Tortelloni schmecken auch mit einem nicht ganz so alkoholreichen Valpolicella Superiore oder Ripasso. Sicherlich die bessere Wahl, wenn man die Tortelloni mittags isst …

TORTELLONI MIT KÜRBIS-AMARETTI-FÜLLUNG

Diese süßlichen Kürbis-Tortelloni sind zwischen Verona und Mantua bei den Einheimischen heiß begehrt. Für Zugewanderte oder Touristen sind sie, ehrlich gesagt, gewöhnungsbedürftig! Wenn sie aber, wie im »**Alla Borsa**« oder bei »**Remelli**«, mit einer scharfen Mostarda aus Birnen und Äpfeln verfeinert werden, dann kann auch ich mich damit ein wenig anfreunden, da sie mehr Pep bekommen!

FÜR DEN PASTATEIG

500 g Mehl, Type 00
5 Eier
1 Prise Salz
1–2 EL Gardasee-Olivenöl

FÜR DIE FÜLLUNG

1 ½ kg Mantovana-Kürbis
etwas Olivenöl
grobes Meersalz
50 g Mostarda (scharf eingelegte Äpfel und Birnen), klein gehackt
50 g frisch geriebener Grana Padano (24 Monate gereift)
25 g Amaretti, fein gemahlen
frisch gemahlener Pfeffer
etwas abgeriebene Zitronenschale

AUSSERDEM

50 g Butter
6–8 frische Salbeiblätter
frisch geriebener Grana Padano, nach Geschmack

Die angegebenen Zutaten zu einem glatten Nudelteig verarbeiten und mindestens 1 Stunde ruhen lassen. Den Backofen auf 160 °C vorheizen.

Den Kürbis mit der Schale in Viertel schneiden und in Olivenöl anschwitzen. Mit Salz bestreuen und im heißen Backofen in 45 Minuten weich garen.

Herausnehmen und das Fruchtfleisch mit einem Löffel aus der Schale schaben. Das Fruchtfleisch gemeinsam mit der Mostarda pürieren und durch ein Sieb streichen. Käse und Amaretti untermischen und mit Pfeffer und Zitronenschale abschmecken.

Den Nudelteig sehr dünn ausrollen, je dünner umso feiner die Tortelloni. Die Teigplatte in 3 x 3 cm große Quadrate schneiden. Jeweils einen kleinen Löffel der Füllung in die Mitte häufen und die Quadrate auf ein Dreieck zusammenfalten und zu Tortelloni formen.

Die Tortelloni in kochendem Salzwasser etwa 2 Minuten garen.

Mit einem Schaumlöffel herausheben und in aufgeschäumter Salbeibutter kurz durchschwenken. Mit frisch geriebenem Grana Padano, je nach Geschmack, bestreuen.

TIPP

Je aromatischer der Kürbis, umso besser die Tortelloni. Früher gab es sie ausschließlich im Winter, aber dank Tiefkühlmöglichkeit bekommt man sie nun auch zu jeder Jahreszeit aufgetischt.

WEINEMPFEHLUNG

Wer die würzig-süßlichen Aromen noch verstärken will, der genießt dazu einen Gewürztraminer, am besten aus Südtirol, weil dort diese Rebsorte besonders finessenreich gekeltert wird. In Valeggio serviert man einen Custoza Superiore dazu – er ist dank seiner Lebendigkeit ebenfalls ein guter Begleiter.

G
GRANA
PADANO
P
CUSTOZA
2456

PASTA

Die »Festa del Nodo d'amore« in Valeggio sul Mincio lockt jedes Jahr am dritten Dienstag im Juni tausende Menschen an, die sich an den zarten, handgefertigten Tortellini erfreuen.

III

PASTA

– FATTA A CASA

Wobei sich *casa* nicht zwingend auf die Mamma zu Hause beziehen muss … Denn, das habe ich in all den Jahren festgestellt, italienische Hausfrauen sind einfach beneidenswert! In fast jedem größeren Dorf gibt es einen *pastificio*, und dort kaufen sie die frische, hausgemachte Pasta. Ganz besonders glücklich können sich die Damen in Valeggio in der Provinz Verona schätzen. Hier gibt es gleich mehrere Nudelläden und das hat auch seinen Grund, denn Valeggio ist die Stadt der handgeformten, hauchdünnen Tortellini. Obwohl ich mich schon für ziemlich geschickt halte, wenn es ums Kochen geht: Beim Formen der winzigen Tortellini stieß ich an meine Grenzen.

BIGOLI – DICKE SPAGHETTI AUS DEM TORCHIO

Die begehrteste Form der *pasta fresca* sind im Veneto die »Bigoli«, die im Valpolicella bevorzugt mit Entenragout vermischt werden, direkt am See meist mit *ragù di tinca*. Bigoli sind dickere Spaghetti, jedoch aus Eiernudelteig, der durch einen *torchio*, eine Art Fleischwolf, getrieben wird.

In vielen Trattorien im Hinterland werden die Bigoli noch heute tagtäglich von Hand gefertigt. Wenn man einen guten *pastificio* in der Nähe hat, dann braucht man eigentlich nur einen guten Sugo zubereiten … Mittlerweile bekommt man die Bigoli auch bei uns in guten italienischen Fachgeschäften.

FESTA DEL NODO D'AMORE – DAS PASTA-HIGHLIGHT VON VALEGGIO

Es ist ein Pastafest der Superlative, das am 21. Juni 2011 zum 18. Mal stattfindet und das man in diesem Jahr in Valeggio, gemeinsam mit den 150 Jahren »Festa dell'unità d'Italia« (Einheit Italiens) feiert.

Sechzehn Gastronomen aus Valeggio und Borghetto, dem pittoresken Mühlendorf am Mincio, verwöhnen jährlich am dritten Dienstag im Juni auf der Visconti-Brücke 4000 Gäste mit allerfeinsten Tortellini. Nur Wirte, die zur »Associazione Ristoratori Valeggio« (siehe auch www.ristorantivaleggio.it) gehören, dürfen bei diesem Traditionsfest mitmachen, das 1993, anlässlich der 600-Jahrfeier der berühmten Ponte Visconteo, zum ersten Mal stattfand. Jedes der

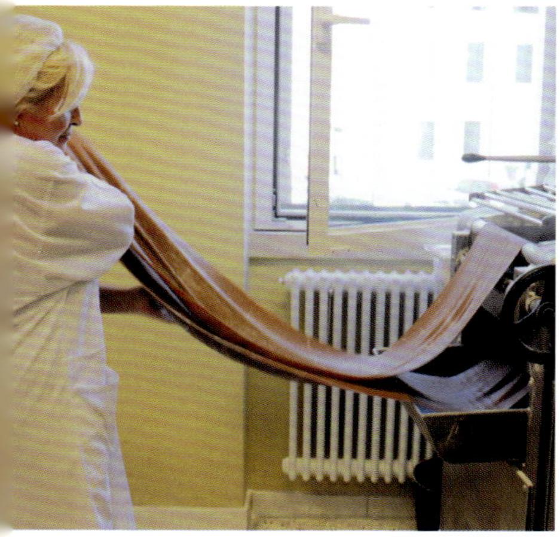

Restaurants baut eine kleine Miniküche entlang der Brückenmauer auf, und bewirtet von hier aus die Gäste an der 600 Meter langen Tafel!
Die »Festa del Nodo d'amore« ist aber bei Weitem kein Touristenspektakel, wie man vermuten könnte! Die etwa 4000 Plätze, die für die lange Tafel zur Verfügung stehen, sind meist schon Monate im Voraus ausgebucht, und zwar von Einheimischen, die dieses Spektakel ganz besonders lieben.
Sobald es anfängt dunkel zu werden, geht's los mit einem *aperitivo*. Die leckeren *antipasti*, die extrafeinen Tortellini und der schmackhafte *secondo* werden begleitet von den frisch lebendigen Custoza-Weinen. Gleich nach dem *dolce* wird es spannend: Ein sensationelles Feuerwerk, das die Scaliger-Burg aus dem 13. Jahrhundert faszinierend erstrahlen lässt, im Einklang mit wunderbarer Musik, bildet den Abschluss eines unvergesslichen Abends.

VALEGGIO – DAS TORTELLINI-ELDORADO

Und deshalb plage ich mich nicht mehr lange zu Hause ab, sondern gehe zu meinem Lieblings-*panificio* Guido Remelli, dessen schöner Laden direkt gegenüber der Kirche von Valeggio liegt. Er hat für mich das größte und raffinierteste Angebot. Geduld muss man mitbringen, wenn man seine – täglich frisch gemachte – Pasta kaufen will, vor allem sonntags ist die Schlange der wartenden Feinschmecker lang.
Dafür hat man genug Zeit zu überlegen, was man auf den Tisch bringen will. Vielleicht die schwarz gefärbten Tortellini mit Lachsfüllung? Oder lieber die roten, in denen sich fein gehackter *brasato* (Rinderschmorbraten) versteckt? Köstlich sind auch die spinatgrünen Nudelgebilde mit einer Füllung aus heimischem Monte Veronese. Der weit über Valeggios Grenzen hinaus bekannte und geschätzte *pastificio* bietet mindestens ein gutes Dutzend verschieden gefüllte Teigtäschen an. Während des Wartens stöbern die genussfreudigen Kunden gerne im dazugehörenden Feinkostladen, denn hier gibt es *mostarda* in allen Variationen. Das sind scharfe Senffrüchte, die man zwischen Verona und Mantua sowohl zum Fleisch als auch zu Käse isst. Aber auch feinste Essige, aromatische Olivenöle, beste Schokolade und unendlich viel mehr, was den Feinschmeckergaumen erfreut. So wird selbst das Warten zum Vergnügen.
Ist man dann endlich an der Reihe, hat man die Qual der Wahl. Soll es etwas von der *pasta fresca* sein, die hausgemachten Eiernudeln, Tortellini oder probiert man mal die nicht alltäglichen Versionen von Lasagne, Cannelloni und Crespelle?

ADRESSE DES PANIFICIO REMELLI SIEHE SEITE 296

WEINEMPFEHLUNG

Ein Gläschen Lugana Superiore mit seinen komplexen Bukett, seiner feinen Säure und den eleganten mineralischen Noten von der Tenuta Roveglia verleiht dem deftigen Gericht eine angenehme Leichtigkeit.

CASONCELLI DES CAMONICA-TALS MIT SALBEIBUTTER

Das ist eine Kreation von Gerardo und seiner Mutter Anna Maria, die gemeinsam die Gäste in der Trattoria »**La Pepola**« bekochen, während Ehemann Hugo die Gäste bedient und in allen Weinfragen berät. Die *casoncelli* kennt man eigentlich nur – unter diesem Namen – im Valcamonica, ein etwa 70 Kilmeter langes Tal in der Provinz Brescia zwischen Tonalepass und Lago d'Iseo. Anderswo in der Lombardei heißen sie *casonsei* und sind ähnlich gefüllt. Aber jedes Dorf oder besser gesagt, jede Hausfrau hat ihr ganz eigenes Rezept für die feinen Teigtäschchen, aber fast immer ist Mortadella dabei.

FÜR DIE FÜLLUNG
200 g mehligkochende Kartoffeln
200 g Spinat
1 EL Gardasee-Olivenöl
1 EL Zwiebelwürfel
1 EL gehackte Petersilie
70 g frische Salsiccia
70 g Mortadella
1 EL Semmelbrösel
Salz, frisch gemahlener Pfeffer

FÜR DEN PASTATEIG
200 g Mehl, Type 00
2 Eier, Salz
1 EL Gardasee-Olivenöl

AUSSERDEM
40 g Butter
5–6 Salbeiblätter
frisch geriebener Grana Padano, nach Geschmack

Die Kartoffeln gar kochen, pellen und mit der Gabel zerdrücken. Die Spinatblätter gründlich waschen und gut abtropfen lassen. Das Olivenöl erhitzen und die Zwiebelwürfel, die gehackte Petersilie und die Spinatblätter darin andünsten. Die Salsiccia und Mortadella klein schneiden und mit dem Spinat und den Semmelbröseln zu den übrigen Zutaten geben und gründlich verrühren. Mit Salz und Pfeffer würzen und zugedeckt über Nacht in den Kühlschrank stellen.

Am nächsten Tag aus den angegebenen Zutaten einen Nudelteig zubereiten und mit einem feuchten Tuch bedeckt mindestens 30 Minuten ruhen lassen. Dann den Teig so dünn wie möglich ausrollen. Mit einem runden Metallausstecher Kreise von einem Durchmesser von etwa 8 cm ausstechen.

Jeweils in die Mitte einen Teelöffel von der Füllung geben, halbmondartig zusammenfalten und die Ränder mit den Spitzen einer Gabel fest verschließen.

In reichlich kochendem Salzwasser bei nicht zu starker Hitze in etwa 2 Minuten gar ziehen lassen.

Währenddessen die Butter mit den Salbeiblättern in einer großen Pfanne aufschäumen lassen. Die Casoncelli mit einem Schaumlöffel herausheben und in der Salbeibutter schwenken. Mit frisch geriebenem Grana Padano bestreuen.

TIPP
Obwohl ich immer mit der Kartoffelqualität hierzulande hadere – es ist eines der wenigen Produkte, die ich mir immer von zu Hause mitbringe – speziell für diese Füllung sind die italienischen Kartoffeln geeignet, weil sie meist so mehlig sind, dass sie schon beim Hinschauen auseinanderfallen!

RAVIOLI DI RICOTTA CON TARTUFO NERO DEL BALDO

RAVIOLI MIT RICOTTAFÜLLUNG UND MONTE-BALDO-TRÜFFEL

Das aparte Ristorante »**Le Gemme di Artemisia**« ist ein echtes *atelier del gusto*. Während Andrea raffinierte Gerichte kocht, betreut seine charmante Frau Lara die Gäste, als wären sie zu Hause in ihrem Wohnzimmer. Und das alles mit einer fantastischen Aussicht auf den See und die Kirche von Albisano. Andrea macht auch für Gäste auf Anfrage Kochkurse, die mittlerweile sehr begehrt sind, da er nur für kleine Gruppen seine Küche und seine Kochkunst anbietet. Die frische Ricotta bezieht er von einem kleinen Käser auf dem Monte Baldo!

FÜR DEN PASTATEIG

450 g Mehl, Type 00
50 g Vollkornweizenmehl
5 Eier, Salz
1 EL Gardasee-Olivenöl

FÜR DIE FÜLLUNG

200 g frische Ricotta aus Kuh- und Schafsmilch
2 EL Monte-Veronese-Käse, gerieben
100 g geräucherte Ricotta
etwas abgeriebene unbehandelte Zitronenschale
Salz
etwas frisch geriebene Muskatnuss

AUSSERDEM

4–5 EL Gardasee-Olivenöl
frische Trüffel nach Geschmack

Die angegebenen Zutaten zu einem glatten Nudelteig verkneten und zugedeckt mindestens 30 Minuten ruhen lassen.

Für die Füllung die Ricotta mit dem geriebenen Monte Veronese und der geräucherten Ricotta zu einer glatten Creme verrühren und mit Salz, Zitronenschale und Muskat würzen.

Den Teig möglichst dünn ausrollen, runde Kreise im Durchmesser von etwa 8 cm ausstechen und jeweils in die Mitte einen Teelöffel von der Füllung geben. Halbmondförmig zusammenlegen, die Ränder gut festdrücken und entweder so belassen oder über dem Daumen zu Tortellini formen.

Reichlich Salzwasser zum Kochen bringen und die Ravioli darin in wenigen Minuten al dente kochen.

In einer tiefen Pfanne Olivenöl erhitzen und die gut abgetropften Ravioli darin schwenken. Auf vier Teller verteilen und die Trüffel fein darüberhobeln.

TIPP

Die aromatischten Trüffeln gibt es am Monte Baldo und in der Lombardia im Dezember und Januar.

WEINEMPFEHLUNG

Ein fruchtiger, samtiger Merlot ist der passende Begleiter zu den aromatischen Ravioli. Auf keinen Fall einen tanninreichen Rotwein dazu trinken, der feine Räuchergeschmack der Ricotta würde darunter leiden.

PAPPARDELLE CON RAGÙ DI LEPRE

PAPPARDELLE MIT HASENRAGOUT

Wildgerichte findet man im Herbst und Winter auf allen Speisekarten im Trentino oder im Valpolicella – mal mit herzhafter Polenta, aber noch lieber vermischt mit hausgemachter Pasta!

FÜR DEN PASTATEIG

300 g Mehl
3 große Eier
Salz

FÜR DAS RAGOUT

1 junger, küchenfertiger Wildhase
1 Lauchstange
2 Selleriestangen
2 Karotten
5 EL Gardasee-Olivenöl
2 Thymianzweige
1 Lorbeerblatt
4 Wacholderbeeren
1 TL schwarze Pfefferkörner
Salz
¾ l kräftiger Rotwein, z. B. ein Teroldego
100 ml Sahne
½ Bund Petersilie

Die angegebenen Zutaten zu einem glatten Pastateig verkneten. Mindestens 1 Stunde ruhen lassen. Dann am besten mit einer Nudelmaschine möglichst dünn ausrollen und anschließend in 2 cm breite Streifen schneiden.

Den Hasen am besten gleich beim Wildhändler in Stücke zerteilen lassen. Waschen, trocken tupfen und mit Salz und Pfeffer würzen. Das Gemüse putzen und in kleine Würfel schneiden. Olivenöl in einem Schmortopf erhitzen und die Hasenfleischstücke rundherum scharf anbraten. Das Gemüse und die Aromaten dazugeben und mit anschwitzen. Salzen und mit dem Rotwein aufgießen. Aufkochen lassen, dann zugedeckt bei schwacher Hitze in etwa 2 Stunden garen.

Die Hasenteile herausnehmen, das Fleisch von den Knochen lösen und in kleine Würfel schneiden. Die Sahne in den Bratenfond geben und sämig einkochen. Dann die Fleischwürfel untermischen und noch einmal einige Minuten erhitzen.

Die Pappardelle in reichlich kochendem Salzwasser in wenigen Minuten al dente kochen.

Auf einem Durchschlag abtropfen lassen und mit der frisch gehackten Petersilie in den Topf zum Hasenragout geben. Miteinander vermischen und sofort servieren.

TIPP

Wer sich die mühevolle Arbeit der Pastazubereitung sparen möchte, der greift auf gekaufte Nudeln zurück. Italienische Hausfrauen haben einen großen Vorteil, weil es selbst in den kleinsten Dörfern einen »pastificio« gibt, wo man Nudeln täglich frisch gemacht kaufen kann!

WEINEMPFEHLUNG

Im Trentino reicht man dazu einen samtigen Teroldego, z. B. den Armilo vom Weingut Bolognani, der mit seinen tiefgründigen, würzigen und fruchtigen Noten das aromatische Wildragout perfekt umgarnt.

WEINEMPFEHLUNG

Ein fruchtiger, nicht zu schwergewichtiger Valpolicella Classico passt mit seinen fle schig-kirschigen Aromen sehr gut zu diesem Rezeptklassiker des Veneto., z. B. vom Weingut Monte del Frá.

BIGOLI MIT ENTENRAGOUT

Wenn man sich in Italien eine Ente oder ein anderes Federvieh kauft, dann bitte nicht erschrecken. Kopf und Füße sind immer noch dran. Eine versierte Köchin sieht nämlich an den Füßen, wie jung das Tier war.
Auf der venetianischen Seite des Sees, vor allem aber im Valpolicella, isst man gerne Ente, nicht gerade zur Hochsaison im Sommer, aber im Frühherbst ist dieses Gericht auf vielen Speisekarten zu finden.

FÜR 6 PERSONEN

FÜR DAS RAGOUT
1 junge Ente von etwa 1, 5 kg mit Innereien
1 Bund Suppengrün
2 Zwiebeln
2 Lorbeerblätter
einige Pfefferkörner, Salz
2 Möhren
2 Selleriestangen
2 Knoblauchzehen
4 EL Gardasee-Olivenöl
1 TL griffiges Mehl, z. B. Wiener Grießler
¼ l Rotwein, z. B. Valpolicella Classico
¼ l Entenbrühe
1 Zweig Rosmarin
1 Zweig Salbei
2 EL kleine schwarze Oliven, entkernt
etwas abgeriebene, unbehandelte Orangenschale

AUSSERDEM
450 g Bigoli (dicke Spaghetti aus Eiernudelteig)
½ Bund Petersilie
2 EL geriebener Grana Padano

Ente waschen und die Innereien herausnehmen. Die Ente, das Entenklein, das klein geschnittene Suppengrün, eine halbierte Zwiebel, Lorbeerblätter und Pfefferkörner in einen großen Kochtopf geben, mit kaltem Salzwasser bedecken und zum Kochen bringen. Bei schwacher Hitze 70 bis 80 Minuten garen.

Die Ente aus dem Kochsud heben und ein wenig abkühlen lassen. Dann häuten, entbeinen und Fett und Sehnen entfernen. Das Fleisch in sehr kleine Würfel schneiden. Das Gemüse mit einem Schaumlöffel entfernen, die Brühe entfetten und aufbewahren.

Die restliche Zwiebel schälen und wie die Möhren und die Selleriestangen in kleine Würfel schneiden. Die Knoblauchzehen schälen und fein zerdrücken. Alles im erhitzten Olivenöl etwa 5 Minuten anschwitzen. Mit Mehl bestäuben und die klein geschnittene Entenleber untermischen. Miteinander anbraten, dann mit Rotwein und Entenbrühe aufgießen, aufkochen lassen und das klein gewürfelte Entenfleisch hinzufügen. Etwa 15 Minuten sanft köcheln lassen, dann die Oliven untermischen und mit Orangenschale und falls nötig mit etwas Salz und Pfeffer würzig abschmecken.

Die Bigoli in der Entenbrühe in 8 bis 10 Minuten al dente kochen. Auf einem Durchschlag abtropfen lassen und sofort unter das Entenragout mischen. Einige Minuten durchziehen lassen und kurz vor dem Servieren die fein gehackte Petersilie und den Käse untermischen.

TIPP
Bigoli sind eine typische Pastaspezialität des Veneto. Sie werden auch heute noch in vielen Trattorien täglich frisch gemacht. Dazu wird der feste Eiernudelteig durch eine spezielle Nudelpresse gedrückt, dem »torchio«. Man bekommt Bigoli frisch in italienischen Feinkostgeschäften. Sie können das Entenragout aber auch mit Tagliatelle zubereiten.

DORT WO DER REIS

wächst...

RISO VIALONE NANO UND MEHR ...

Nur wenige wissen, dass unweit des Gardasees und Verona ein weitläufiges Reisanbaugebiet liegt. Die Hauptreissorte in der Ebene rund um Isola della Scala – 20 Kilometer südlich von Verona – ist Vialone Nano. Es ist eine uralte Reissorte, deren ovale Körner über eine sehr gute Kochfestigkeit verfügen und daher bestens für cremige Risotti geeignet sind, zum Beispiel mit Kürbis, Steinpilzen oder mit Schleienragout. Aber auch der *risotto all'isolana,* eine eher trockene Risottovariante, die man vor allem in und um Mantua liebt, wird aus Vialone Nano zubereitet.
Natürlich wird hier vor den Toren Veronas auch die immer beliebter werdende Reissorte Carnaroli angebaut, die etwas großkörniger ist und sich bestens eignet für Risotti mit Frühlingsgemüse oder auch mit Meeresfrüchten.

Vor einigen Jahren hat man die Urform der Reiskörner wiederentdeckt, den *riso venere.* Es ist ein schwarzer Reis, der aber nichts mit dem Wildreis, der eigentlich ein Gras ist, zu tun hat. Die kleinen schwarzen Körner haben eine mindestens doppelt so lange Kochzeit und entwickeln dabei einen Duft, der an Brotkruste erinnert. Eine Rezeptanregung finden Sie auf Seite 179.

Jedes Jahr im Oktober findet in Isola della Scala ein vier Wochen dauerndes Reisfest statt! Hier kann man alles über den Risottoreis, nicht nur aus dem Veneto und der Lombardia erfahren, neue Rezepte kennenlernen und sich in den diversen Ristoranti die unterschiedlichsten Risotti schmecken lassen.

Interessant für alle, die sich glutenfrei ernähren müssen: Es gibt auch viele andere Köstlichkeiten aus Reis, wie z. B. Reismehl, aus dem man auch eine feine Polenta machen kann, Knabbergebäck, Kekse und auch Bier.

RISOTTO AL LIMONE
E FILETTO DI PERSICO

ZITRONENRISOTTO MIT BARSCHFILETS

In vielen Ristoranti entlang der Riviera dei Limoni findet man *risotti al limone* auf der Speisekarte. Besonders gut schmeckt es mir in der Osteria »**La Miniera**« in Tignale. Der Küchenchef bestreut den erfrischenden Risotto mit frittierten Lauchstreifen und beträufelt ihn zum Schluss noch mit einem feinen Limonenöl. Wichtig ist, dass die Zitronen richtig reif sind und nicht zu sauer, denn sonst verliert er seinen sommerlichen Charme. Wer in der Gegend ist, sollte es nicht versäumen, in der rustikalen Osteria mit der unglaublich kreativen Küche einzukehren und sich von Sergio und seiner Frau Silvia verwöhnen zu lassen.

1 unbehandelte milde Zitrone, am besten von der Riviera dei Limoni
1 Selleriestange
350 g Risottoreis (Carnaroli)
4 EL Gardasee-Olivenöl
100 ml trockener Weißwein
Salz
etwa 700 ml heißer Fischfond
400 g Barschfilets (Persicofilets)
30 g Butter
frisch gemahlener Pfeffer

AUSSERDEM
1 Lauchstange
2 EL Limonen-Oliven-Öl

Die Zitrone heiß waschen, halbieren und mitsamt der Schale in kleine Stücke schneiden. Die Selleriestange in feine Scheiben schneiden.

Den Reis in 2 EL Olivenöl bei schwacher Hitze gleichmäßig erwärmen. Zitronen- und Selleriestücke hinzufügen und mit Wein ablöschen. Salzen und mit dem Fischfond aufgießen. Aufkochen lassen und zugedeckt bei schwächster Hitze 15 Minuten quellen lassen.

Die Fischfilets waschen, trocken tupfen und salzen. In 2 EL Olivenöl auf jeder Seite etwa 2 Minuten anbraten.

Lauch putzen und erst in 10 cm lange Stücke schneiden, dann in feine Julienne. Im heißen Olivenöl kross braten.

Die Butter unter den Risotto rühren und, falls nötig, noch etwas heißen Fischfond hinzufügen. Auf vier Teller häufen, mit den Fischfilets belegen. Mit dem gebratenen Lauch und dem restlichen Limonen-Oliven-Öl beträufeln. Mit frisch gemahlenem Pfeffer bestreuen.

TIPP
Obwohl Zitronen längst keine wirtschaftliche Bedeutung an der Westküste des Gardasees mehr haben, die Einheimischen und vor allem die Köche schätzen nach wie vor die besonders feinen Aromen »ihrer Limoni«.

WEINEMPFEHLUNG
Köstlich dazu ein eleganter Chardonnay, z. B. aus der Franciacorta, der die Frische des köstlichen Risottos vortrefflich untermalt.

RISOTTO CON LA ZUCCA

KÜRBISRISOTTO

Gabriele Ferron, der Besitzer der weit über die Grenzen Italiens hinaus bekannten »**Riseria Ferron**«, die er gemeinsam mit seinem Bruder Maurizio betreibt, ist zudem ein leidenschaftlicher Koch. Seine Kochvorführungen sind legendär, selbst in klassischen Reisanbauländern wie China und Japan ist er in Sachen *risotto* unterwegs. In seiner »**Pila Vecia**«, seiner traditionellen Reismühle in Isola della Scala, hält er Kurse für Kinder, um ihnen die heimischen Produkte anschaulich näher zu bringen. Spannend war für mich seine simple Methode einen perfekten Risotto herzustellen. Vergessen Sie das lange Rühren … Ich kann es nur bestätigen, es klappt!

300 g geputzter Kürbis
1 kleine Zwiebel, in Würfel geschnitten
1 fein zerdrückte Knoblauchzehe
3 EL Gardasee-Olivenöl
Salz, frisch gemahlener Pfeffer
etwa ¼ l Gemüsebrühe
300 g Risottoreis (Carnaroli)
100 ml trockener Weißwein
600 ml heiße Hühnerbrühe
60 g frisch geriebener Grana Padano
4 dünne Scheiben Pancetta

Das Kürbisfruchtfleisch in Stücke schneiden. Zwiebel und Knoblauch in Olivenöl anschwitzen, Kürbis hinzufügen und mit Salz und Pfeffer würzen. Mit Gemüsebrühe aufgießen und bei schwacher Hitze zugedeckt in ca. 20 Minuten weich schmoren.

In der Zwischenzeit den Carnaroli-Reis in Olivenöl glasig und heiß werden lassen. Salzen und mit Weißwein ablöschen. Dann mit der kochend heißen Hühnerbrühe aufgießen, einmal aufkochen lassen und die Hitze auf kleinste Stufe zurückstellen. Zugedeckt in 10 bis 12 Minuten garen lassen.

Den Deckel abnehmen und kräftig mit einem Holzlöffel umrühren, dann den Kürbis untermischen und noch weitere 5 Minuten unter gelegentlichem Umrühren miteinander erhitzen.

Pancetta in Würfel schneiden und in einer Pfanne ohne Fettzugabe knusprig braten.

Zum Schluss den Käse und die Butter unter den Ristotto rühren, von der Kochstelle nehmen und kurz ruhen lassen. Auf Teller verteilen und jeweils einen Löffel Pancettawürfel in die Mitte geben.

TIPP

Für den Kürbisrisotto bevorzugt Gabriele Ferron die Reissorte Carnaroli, da die Körner größer sind als die des Vialone Nano, der Hauptreissorte im Veneto und deshalb ein besserer Kontrast zum cremigen Kürbis.

WEINEMPFEHLUNG

Dazu schmeckt entweder ein vollmundiger Lugana Superiore oder ein Valpolicella Classico – je nachdem, ob Sie lieber Weiß- oder Rotwein trinken.

SPARGELRISOTTO – VENETO

Die edlen Spargelstangen gewinnen in Norditalien von Jahr zu Jahr an Bedeutung. Ein wichtiges Spargelanbaugebiet erstreckt sich entlang der Etsch, in der Terradeiforti und rund um Verona. Die Spargel, die hier gedeihen, ob weiß oder grün, schmecken sehr fein, wenn es jedoch um den richtigen Garpunkt geht, haben wir in Deutschland die Nase vorne. Häufig werden hier die noblen Stangen zu weich oder zu al dente gekocht! Sensationell ist jedoch ein Risotto mit Spargel – das sollte man sich im Frühjahr keinesfalls entgehen lassen.

500 g weißer Spargel
Salz
1 Prise Zucker
2 EL Olivenöl vom Gardasee
2 EL Schalottenwürfel
1 Selleriestange, in kleine Würfel geschnitten
320 g Vialone Nano Reis
Salz
⅛ l trockener Weißwein
700 ml heiße Spargelbrühe
30 g Butter
80 g frisch geriebener Grana Padano

Die Spargelstangen sorgfältig schälen, in einen Topf legen oder stellen und mit Wasser bedecken. Salz und Zucker hinzufügen und etwa 8 bis 10 Minuten (je nach Dicke der Stangen) kochen. Die Stangen herausheben und in schräge, mundgerechte Stücke schneiden.

Olivenöl in einer Kasserolle erhitzen und die Zwiebel- und Selleriewürfel darin glasig dünsten. Den Reis hinzufügen und unter Rühren erhitzen. Mit Weißwein ablöschen und einkochen lassen. Dann mit der Spargelbrühe aufgießen und zugedeckt etwa 10 Minuten bei schwacher Hitze köcheln lassen.

Die Spargelstangen, ohne Köpfe, untermischen und in weiteren 5 Minuten fertig garen. Butter, Käse und Spargelspitzen untermischen, von der Kochstelle nehmen und noch etwa 3 Minuten ruhen lassen.

Mit fein geschnittenem Schnittlauch bestreut servieren.

TIPP

Natürlich können Sie den Spargelrisotto auch mit grünem Spargel zubereiten, dann verkürzt sich die Garzeit der Stangen auf etwa 5 Minuten.

WEINEMPFEHLUNG

Ein Pinot Grigio aus der Region Terradeiforti – dort wo auch der Spargel gedeiht – passt gut dazu, weil er nicht zu voluminös ist und das Gericht schmeichelnd umgarnt.

Risotto all'Amarone

AMARONE-RISOTTO

Amarone-Weine sind seit einiger Zeit wieder total en vogue! Die fruchtbetonten, gehaltvollen Rotweine mit 15 bis 17 Grad Alkohol waren lange Zeit als Meditationsweine geschätzt. Perfekt für abends vor dem Kamin! Aber da Weintrinken ohne Essen bei Italienern nicht üblich ist, führten sie im Inland eher ein Schattendasein. Das hat sich nun geändert. Es ist schick geworden, auch zum Essen einen Amarone zu trinken und das liegt auch daran, dass die Winzer im Valpolicella die Weine nicht mehr so opulent vinifizieren. Ein Gericht gab es allerdings schon immer im Veneto: den Amarone-Risotto begleitet von einem Glas Amarone!

1 Tropea-Zwiebel
2 EL Gardasee-Olivenöl
300 g Risottoreis (Vialone Nano)
Salz
300 ml Amarone
400 ml heiße Hühnerbrühe
2 Treviso-Radicchio
einige Spritzer alter Aceto balsamico
60 g frisch geriebener Parmesan
40 g Butter

Zwiebel schälen, in kleine Würfel schneiden und in 1 EL Olivenöl anschwitzen. Den Reis dazugeben und unter Rühren erhitzen. Salzen, mit 200 ml Amarone aufgießen und aufkochen lassen. Die heiße Brühe hinzufügen und erneut aufkochen lassen. Zugedeckt bei schwacher Hitze in etwa 15 Minuten garen.

In der Zwischenzeit den Radicchio putzen, einige Blätter für die Garnitur beiseitelegen, den Rest in Streifen schneiden und im restlichen Öl andünsten. Mit Aceto balsamico beträufeln und mit dem restlichen Amarone aufgießen. Kochen lassen, bis die Flüssigkeit verdampft ist. Das Gemüse mit dem Parmesan und der Butter unter den bissfest gegarten Risotto rühren. Vor dem Servieren kurz ruhen lassen und falls nötig noch ein wenig heiße Brühe hinzufügen.
Mit frischen Treviso-Radicchio-Blättern garnieren.

TIPP
Alternativ, weil nicht so teuer, kann man statt Amarone auch einen Valpolicella Ripasso verwenden.

WEINEMPFEHLUNG
Amarone – was sonst!

RISOTTO CON MELONE E LAVARELLO

RISOTTO MIT MELONE UND BLAUFELCHEN

Dieser auf den ersten Blick etwas ungewöhnliche Risotto ist eine Kreation des jungen leidenschaftlichen Kochs Lorenzo. In seiner hübsch gelegenen »**Locanda del Contrabbandiere**«, nahe Pozzolengo, verwöhnt er Abend für Abend seine Gäste mit Produkten der Region, die er leichtbekömmlich und raffiniert zubereitet. Damit den Gästen noch mehr das Wasser im Mund zusammenläuft, erklärt er höchstpersönlich seine Gerichte, bevor er dann in der Küche verschwindet und den Service seiner sympathischen Frau Valentina und seinem Vater Imerio überlässt.

4 Lavarellofilets (Renken- oder Felchenfilets) je 140 g
4 EL Gardasee-Olivenöl
350 g Risottoreis (Carnaroli)
1 Knoblauchzehe
⅛ l trockener Weißwein
600 ml heißer Fischfond
Salz
100 g Melonenfruchtfleisch
30 g Butter
2 EL frisch geriebener Grana Padano
2 EL fein gehackte Petersilie
frisch gemahlener Pfeffer

Die Fischfilets waschen, trocken tupfen und in Stücke schneiden. Olivenöl in einer Kasserolle erhitzen und den Reis darin, ohne Farbe zu nehmen, anbraten. Die geschälte Knoblauchzehe dazugeben und mit dem Weißwein ablöschen.

Mit Fischfond aufgießen, salzen und zugedeckt bei sehr schwacher Hitze 15 Minuten garen lassen.

Das Melonenfruchtfleisch in kleine Würfel schneiden und unter den Risotto mischen. Die Butter und den Käse unterrühren und noch etwa 5 Minuten bei schwacher Hitze gar ziehen lassen.

Mit Pfeffer und Petersilie bestreut servieren.

TIPP

Den echten Genuss haben Sie nur, wenn Sie vollreife Charantais-Melonen verwenden, die sich im Nu mit den bissfesten Reiskörnern vereinen.
Da der Risotto optisch nicht so viel hergibt, hat Erica, die Fotografin, es vorgezogen, nur die Ingredienzien zu fotografieren. Aber nur zu, er schmeckt superlecker – und Sie wollen ihn ja essen und nicht fotografieren!

WEINEMPFEHLUNG

Imerio, Lorenzos Vater, empfiehlt dazu den Lugana Classico von der Tenuta Roveglia, weil dieser Weißwein mit seinen ansprechenden mineralischen Noten das feine Aroma des Risottos untermalt, aber nicht überdeckt.

SCHLEIENRISOTTO

Risotto con la tinca steht zwischen Peschiera und Brenzone auf fast allen Speisekarten und bei den Einheimischen werden Adressen ausgetauscht, wo er am besten schmeckt. Die Nase ganz weit vorne haben die Ristoranti »**Oreste**« und »**Porticciolo**« in Lazise.

1 küchenfertige Schleie von ca. 800 g
1 Bund Suppengrün
1 Zwiebel, mit zwei Gewürznelken gespickt
je 1 Thymian- und Rosmarinzweig
6 Pfefferkörner
Salz
1 Zwiebel
1 Karotte
1 Selleriestange
1 Fleischtomate
⅛ trockener Weißwein
5 EL Gardasee-Olivenöl
320 g Risottoreis (Vialone Nano)
700 ml von der zubereiteten Schleienbrühe
1 Bund Petersilie
frisch gemahlener weißer Pfeffer

Die Schleie waschen und mit dem Suppengrün, der gespickten Zwiebel und den Aromaten in einen ausreichend großen Topf geben, mit Wasser begießen, salzen und zum Kochen bringen. Bei schwacher Hitze in etwa 40 Minuten gar ziehen lassen.

Die Zwiebel schälen und wie die Karotte und die Selleriestange in kleine Würfel schneiden. Die Fleischtomate kurz in kochendes Wasser tauchen, halbieren, entkernen und ebenfalls würfeln.

Die gegarte Schleie aus der Brühe nehmen und etwas abkühlen lassen. Die Brühe durch ein Sieb gießen und beiseitestellen. Den Fisch häuten und sorgfältig entgräten.

3 EL Olivenöl in einem Kochtopf erhitzen und Zwiebel, Karotten- und Selleriewürfel darin anschwitzen. Den Reis hinzufügen und unter Rühren bei mittlerer Hitze erwärmen. Die Tomatenwürfel untermischen und mit Wein ablöschen. Mit 700 ml von der kochend heißen Fischbrühe aufgießen, aufkochen lassen und zugedeckt bei schwacher Hitze 20 Minuten garen.

Den in kleine Stücke geteilten Fisch, das restliche Olivenöl und die frisch gehackte Petersilie untermischen und noch einige Minuten durchziehen lassen. Mit Salz und frisch gemahlenem Pfeffer würzig abschmecken.

TIPP

Für diesen Risotto-Klassiker nimmt man den heimischen Vialone-Nano-Reis, weil die kleinen Körner perfekt mit Fisch und Gemüse verschmelzen. Der Risotto schmeckt echt lecker, ist aber nicht sehr fotogen!

WEINEMPFEHLUNG

Gerne trinkt man zu diesem Veroneser Klassiker einen fruchtigen Chiaretto, wie zum Beispiel von der Linie Vigne Alte vom Weingut Zeni, der mit seiner lebendigen Fruchtigkeit dem Gericht Pep verleiht.

RISOTTO ALLA PILOTA

RISOTTO MIT ROHER BRATWURST

Als ich das erste Mal in Mantua diesen Risotto serviert bekam, war ich doch sehr überrascht – das, was hier auf meinem Teller aufgetürmt war, hat doch nichts mit einem Risotto zu tun? Relativ trockene Reiskörner mit würzigen Wurstbröckelchen vermischt – das soll ein Risotto sein? Zugegeben, es schmeckte nicht schlecht, aber es war nicht das, was ich erwartete.
Als meine Begleiter mein etwas erstauntes Gesicht sahen, erklärte man mir, dass dies die ganz spezielle Art der Reiszubereitung in und um Mantua ist. Man lernt doch nie aus!

700 ml Fleischbrühe
320 g Risottoreis (Vialone Nano)
1 kleine Zwiebel
40 g Butter
200 g Salamelle mantovane (rohe Bratwurst)
1 Rosmarinzweig
⅛ l trockener Weißwein
1 Msp. Zimt
Salz, frisch gemahlener Pfeffer

Die Brühe in einem Kochtopf zum Kochen bringen. Den Reis am besten durch einen Trichter in die Mitte der Brühe gießen, dabei soll die Spitze der Reispyramide etwa 1 cm aus der Brühe ragen. Sobald die Brühe erneut zu kochen beginnt, den Topf schütteln, sodass die Pyramide zusammenfällt, dann den Topf zugedeckt 10 Minuten bei schwacher Hitze köcheln lassen.

In der Zwischenzeit die Zwiebel schälen, in Würfel schneiden und in 20 g erhitzter Butter glasig braten. Die rohe Wurst in kleine Stücke teilen und mit dem Rosmarin zu den Zwiebeln geben. Mit Zimt, Salz und Pfeffer würzen und bei schwacher Hitze etwa 10 Minuten köcheln lassen.

Vom Reistopf den Deckel abnehmen und den Topf mit einem Leinen-Geschirrtuch bedecken. Den Ofen ausschalten und den Reis auf diese Weise etwa 5 Minuten nachgaren lassen.

Zum Schluss den Reis mit den Salamelle vermischen und mit der restlichen Butter verfeinern. Parmesan getrennt dazu reichen.

WEINEMPFEHLUNG

Zu diesem Klassiker aus Mantova kommt als Weinbegleitung nichts anderes in Frage als ein perlender Lambrusco, da er mit seiner Frische und den sanften Perlen nicht nur hilft das Gericht zu verdauen, sondern weil er sich mit seinen beerenfruchtigen Aromen auch harmonisch mit Wurst und Zimt vereint.

FIAT
500
VR39
5873

WURST

Traditionell wie ein Cinquecento sind die herzhaften Salami, Salamelle, Coppa, Prosciutti und Co. im kulinarischen Dreieck der Provinzen Mantua, Verona und Brescia.

Berkel
Berkel

ALLES WURST?

FRANCAS UNWIDERSTEH-LICHE SCHWEINEREIEN

Viele Überraschungen habe ich während meiner Entdeckungstouren am Lago schon erlebt, aber eine zierliche, charmante Frau, die Salami, Coppa, Salamelle, Cotechino und vieles mehr rund um das Schwein herstellt, das gab es bisher noch nicht.
Imerio, der Patrone der »Antica Locanda del Contrabbandiere« in Pozzolengo lud mich eines Abends zu einer kleinen Wurst- und Schinkenprobe ein. Schon an diesem Abend war ich fasziniert von der exzellenten Salami, die nicht, wie häufig, so fett war! Präsentiert hat all diese köstlichen Schweinereien eine sympathische Frau, die mich eher an eine Winzerin als an eine Metzgerin erinnerte. Neugierig mehr über sie und ihre, für eine Frau nicht gerade übliche Arbeit, zu erfahren, verabredeten wir uns gleich für den nächsten Tag in ihrem *laboratorio* in Campagnolo di Cavriana, unweit von Castellaro Lagusello.
In einem klinisch sauberen Raum, ähnlich einem OP-Saal, lagen Berge von Schweinefleisch, die gerade von Davide, ihrem Sohn, und Daniele, dem langjährigen Mitarbeiter, für *salamelle* vorbereitet wurden. Zur kurzen Erklärung: *Salamelle* sind rohe Würste, die man entweder grillt, brät oder den typischen *risotto al pilota* daraus zubereitet. Imerio kam jedoch auf die Idee, ein feines Pastagericht daraus zu kreieren (siehe Rezept Seite 150). Ich kann Ihnen nur empfehlen, es nachzukochen!
Mich interessierte natürlich, wie kommt eine Frau wie die zierliche Franca dazu, Würste zu machen?

WIE DAS LEBEN SO SPIELT

Und die bescheidene Franca begann zu erzählen: »In den Sechzigerjahren arbeitete ich in einer Metzgerei, in der auch Gino als Metzger arbeitete. Wir verliebten uns und 1966 haben wir geheiratet. Da mein Mann immer schon großen Wert auf erstklassige Fleischqualität legte und seine eigene Philosophie verwirklichen wollte, beschlossen wir bereits ein Jahr nach unserer Heirat, unsere eigene Produktionsstätte zu eröffnen. Unser Prinzip war und ist: Nur Schweine aus der Pianura Pandana werden verarbeitet. Es war anfangs natürlich nicht so leicht, denn die Kühl- und Reiferäume bedeuteten eine hohe Investition und der Preis für erstklassiges Fleisch war immer schon hoch. 1978, wir erwarteten unser Baby, hatte mein Man einen sehr schweren

Unfall, lag wochenlang im Koma und konnte lange Zeit nicht arbeiten. Um unser kleines Unternehmen nicht scheitern lassen zu müssen, begann ich mich mehr und mehr mit der Herstellung unserer Schinken- und Wurstspezialitäten zu beschäftigen.«
Ich kann nur ergänzen, dass Franca viel von diesem Handwerk versteht und ihre Produkte im ganzen Umkreis sehr gefragt sind. Seit dem Tod ihres Mannes vor einigen Jahren führt Franca, heute unterstützt von ihrem Sohn Davide, den Betrieb und versorgt die zufriedenen Kunden mit köstlichen Schweinereien.

SALAMI, SALAMELLE UND CO.

Das *laboratorio* ist zugleich der Verkaufsraum, denn es gibt nichts zu verstecken! Während des Einkaufs kann man zusehen, wie *salamelle, salami, cotechino, coppa, fiocho, culatello, filocini* oder die auf der Zunge zergehende *pancetta*, die es in drei Versionen gibt, entstehen.
Die besten Spaghetti Carbonara macht man nicht mit *pancetta*, habe ich mir von Franca sagen lassen, sondern mit *guanciale*, das sind die fetten Backen der Schweine, die in Pfeffer gewendet reifen, bis sie ganz mürbe sind. Köstlich auch die *pancetta contadina*, dafür wird der Schweinespeck mit dem Messer fein gehackt und anschließend mit der Salamifarce vermischt. Ja, und noch vieles mehr gäbe es zu erzählen, aber ich empfehle Ihnen, bei Ihrem nächsten Aufenthalt am Gardasee einfach mal hinzufahren.

WEINEMPFEHLUNG

Ich serviere dazu gerne ein Gläschen Spumante vom Weingut Pojer e Sandri, weil dieser dank seiner sehr feinen Perlage und seiner Eleganz die köstlichen Reisplätzchen perfekt begleitet.

POLPETTE DI RISO E ZUCCHINE CON GORGONZOLA E RAGÙ DI POMODORO

REISPLÄTZCHEN MIT ZUCCHINI UND GORGONZOLA AUF TOMATENRAGOUT

Reisplätzchen sind eine wunderbare Resteverwertung, falls der Risotto mal nicht aufgegessen wurde. Es gibt Polpette in verschiedenen Abwandlungen, je nach Jahreszeit und Fantasie des jeweiligen Kochs. Sie sind sehr beliebt als kleiner Happen zum Aperitivo oder auf einem kalten Büfett. Mit einem Salat ist es eine kleine Mahlzeit für zwei Personen.

1 kleine weiße Zwiebel
200 g Risottoreis, (Vialone Nano)
8 EL Gardasee-Olivenöl, Salz
⅛ l trockener Weißwein
300 ml heiße Gemüsebrühe
2 kleine Zucchini
½ TL abgezupfte Thymianblätter
100 g Gorgonzola
4–6 EL Semmelbrösel

FÜR DAS TOMATENRAGOUT

1 große Tomate, am besten Cuore oder Fleischtomate
Salz, frisch gemahlener Pfeffer
2 EL Gardasee-Olivenöl
1 TL alter Aceto balsamico
½ Bund Basilikum

Zwiebel schälen, in kleine Würfel schneiden und in 1 EL Olivenöl glasig braten. Den Reis dazugeben und unter Rühren erwärmen. Salzen, mit Wein ablöschen und mit der kochend heißen Gemüsebrühe aufgießen. Einmal aufkochen lassen, dann den Topf mit einem Deckel verschließen und bei sehr schwacher Hitze etwa 15 Minuten quellen lassen.

In der Zwischenzeit die Zucchini in kleine Würfel schneiden und mit den Thymianblättern in 2 EL Olivenöl bissfest anbraten. Mit Salz und Pfeffer würzen.

Den Risotto von der Kochstelle nehmen und den in kleine Stücke zerteilten Gorgonzola unterrühren. Die Zucchiniwürfel vorsichtig untermischen und falls nötig noch mit Salz und Pfeffer abschmecken. Mindestens 1 Stunde abkühlen lassen.

Die Tomate waschen und in kleine Würfel schneiden. Mit Salz und Pfeffer würzen, das Olivenöl unterrühren und mit Aceto balsamico abschmecken. Zum Schluss 6 bis 8 fein geschnittene Basilikumblätter untermischen.

Aus der Reismasse 24 Plätzchen mit einem Durchmesser von 5 cm formen und in Semmelbrösel wenden.

Restliches Olivenöl in einer beschichteten Pfanne erhitzen und die Reisplätzchen auf jeder Seite in etwa 3 bis 4 Minuten goldbraun und knusprig braten. Auf dem Tomatenragout anrichten und mit frischen Basilikumblättern garnieren.

TIPP

Wer keinen Gorgonzola mag, nimmt stattdessen einen frisch geriebenen würzigen Bergkäse.

TAGLIOLINI CON GAMBERI DI FIUME

TAGLIOLINI MIT FLUSSKREBSEN

Das Lieblingsrezept von Imerio Bonato, der seinem kochbegeisterten Sohn Lorenzo ein geschichtsträchtiges Haus nahe Pozzolengo in ein Ristorante umgebaut hat. In den Sommermonaten hilft der Kunsthändler Imerio gerne auch mal in der, bei Genießern beliebten **»Locanda del Contrabbandiere«** (»Haus des Schmugglers«) mit, im Winter hingegen zieht er wärmere Gefilde vor.

400 g Flusskrebse
1 Selleriestange
1 Karotte
1 Zwiebel
Salz
6 Pfefferkörner
1 Knoblauchzehe
200 g Datteltomaten
3 EL Gardasee-Olivenöl, extra vergine
2 Basilikumstängel
2 EL frisch gehackte Petersilie

AUSSERDEM
250 g Tagliolini oder Fettuccine

Die Flusskrebse aus den Karkassen befreien und das ausgelöste Krebsfleisch kalt stellen.

Die Karkassen mit dem geputzten und grob geschnittenen Gemüse in einen Topf geben, mit Wasser bedecken, Salzen, Pfefferkörner hinzufügen und zum Kochen bringen. Zwei Stunden bei schwacher Hitze simmern lassen.

Knoblauchzehen schälen, die Datteltomaten vierteln und beides im erhitzten Olivenöl anschwitzen. Die ausgelösten Flusskrebse dazugeben und mit etwa 200 ml vom Krebsfond aufgießen. Kurz durchkochen lassen und die fein geschnittenen Basilikumblätter und die Petersilie untermischen.

Die Pasta in reichlich kochendem Wasser nach Anweisung auf der Packung al dente kochen.

Auf einen Durchschlag schütten, abtropfen lassen und zu den Flusskrebsen geben. Mit zwei Löffeln vermischen und noch 2 bis 3 Minuten durchziehen lassen. Dann mit den Köpfen der Flusskrebse hübsch anrichten.

TIPP
Schneller geht's natürlich, wenn man bereits ausgelöste Flusskrebse kauft und Krebsfond aus dem Glas für die Zubereitung verwendet.

WEINEMPFEHLUNG

Dazu würde natürlich auch ein cremiger Chardonnay passen, aber ganz besonders köstlich dazu ist ein Lugana Superiore mit feinem Duft von weißen Blüten und ein Hauch von Zitrusnoten im Abgang, wie zum Beispiel der Le Creete vom nahe gelegenen Weingut Ottella.

SPAGHETTINI MIT GARDASEE-SARDINEN

Im schnuckeligen Ristorante »**Al Pescatore**« von Livio und Rosaria – direkt am kleinen Hafen von Casteletto di Brenzone gelegen – gibt es ausschließlich Gerichte mit Fischen aus dem Gardasee. Während die Autodidaktin Rosaria mit viel Leidenschaft immer wieder neue Gerichte kreiert, verwöhnt ihr charmanter Mann die Gäste und erklärt – auch in ein bisschen Deutsch – den Gästen, welchen Fisch sie gerade verspeisen.

6 in Salz eingelegte Sardinen
4 EL Gardasee-Olivenöl
100 ml trockener Weißwein
1 Handvoll in Salz eingelegte Kapern vom Gardasee
20 g Pinienkerne

AUSSERDEM
350 g Spaghettini, Salz
2 EL gehackte Petersilie

Die Sardinen in kleine Stücke schneiden und in 2 EL Olivenöl bei schwacher Hitze anschwitzen, bis sie fast zerfließen. Mit Wein ablöschen und einmal aufkochen lassen. Die gewaschenen und abgetropften Kapern sowie die Pinienkerne untermischen und bei schwacher Hitze einige Minuten durchziehen lassen.

Die Spaghettini in reichlich kochendem Salzwasser nach Anweisung auf der Packung al dente kochen.

Die Nudeln auf einem Durchschlag gut abtropfen lassen und sofort in die Pfanne zu den Sardinen geben. Restliches Olivenöl und die Petersilie dazugeben und mit zwei Löffeln gründlich vermischen.

TIPP
Rosaria bietet jeden Tag ein anderes Menü an, lediglich die Spaghettini mit den Sardinen gibt es immer.

WEINEMPFEHLUNG
Und dazu gibt es einen saftigen, frischen Wein vom Lago, je nach Gusto einen Weißwein aus dem Custoza oder einen Chiaretto Bardolino, z. B. den süffigen Ròdon, vom Weingut Le Fraghe.

GIGLI CON ZUCCA E SALAMELLE

GIGLI MIT KÜRBIS UND SALSICCIA

Die sympathische Franca Cobelli (siehe auch Seite 141 f.), die sich auf die Herstellung feinster *salamelle*, Speck und Schinken spezialisiert hat, lernte ich in der **»Locanda del Contrabbandiere«** kennen. Wir verkosteten ihre köstlichen *salamelle*, so heißen hier, wo die Regionen Mantua, Brescia und Verona dicht beieinander liegen, die *salsiccie* und natürlich auch ihre feinen Schinken. Imerio, der Hausherr, kreierte für diesen Abend folgendes köstliches Rezept, das ich Ihnen gerne verrate.

1 Schalotte
1 Rosmarinzweig
2 Salamelle (Salciccie)
2 EL Gardasee-Olivenöl
⅛ l trockener Weißwein
200 g Kürbisfruchtfleisch
100 ml Milch
60 g frisch geriebener Parmesan

AUSSERDEM
300 g Gigli oder andere kurze Nudeln, z. B. Penne
Salz

Die Schalotte schälen und in kleine Würfel schneiden. Die Rosmarinnadeln abzupfen und fein hacken, die Würste in kleine Stücke schneiden.

Olivenöl in einer Pfanne erhitzen und die vorbereiteten Zutaten darin anschwitzen. Mit Wein ablöschen und einige Minuten köcheln lassen.

Reichlich Salzwasser zum Kochen bringen und die Nudeln darin, nach Anweisung auf der Packung al dente kochen.

Das Kürbisfruchtfleisch in kleine Würfel schneiden, unter die Würste mischen und mit Milch aufgießen. 6 bis 8 Minuten sämig einkochen lassen. Zum Schluss etwa die Hälfte des geriebenen Parmesans und die auf einem Durchschlag gut abgetropfte Pasta untermischen.

Kurz durchziehen lassen, auf vier Teller verteilen und den restlichen Käse getrennt dazu reichen.

TIPP
Den Sugo erst zum Schluss falls noch nötig mit Salz abschmecken, da die Würste ohnehin schon Salz enthalten. Der Wohlgeschmack dieses Pastagerichts hängt natürlich von der Qualität der Würste ab, sie sollten auf keinen Fall zu fett sein.

WEINEMPFEHLUNG
Ich kann mir dazu einen eleganten Gewürztraminer, z. B. von Elena Walch aus Tramin in Südtirol vorstellen, aber typischer für die Region nahe Mantua ist ein leicht prickelnder Lambrusco, der dafür bekannt ist, bei gehaltvollen Gerichten die Bekömmlichkeit zu fördern.

WEINEMPFEHLUNG

Ich serviere meinen Gästen dazu gerne einen feinfruchtigen Weißwein aus dem Custoza, z. B. vom Weingut Corte Gardoni. Bei sommerlichen Temperaturen am liebsten seinen Classico, mit moderaten Alkoholgraden und mit viel lebendiger Frische.

FIOCCHETTI MIT TOMATEN, BÜFFELMOZZARELLA UND BASILIKUM

Dieses Rezept hat nicht direkt etwas mit den drei Gardasee-Regionen zu tun, es ist aber eines meiner Lieblingsrezepte an heißen Sommertagen am Lago. Es ist schnell zubereitet, leicht bekömmlich und es schmeckt mir und meinen Gästen immer wieder sehr gut.

400 g vollreife Tomaten
1 Bund Basilikum
250 g frische Büffelmozzarella
8 EL Gardasee-Olivenöl
Salz
frisch gemahlener Pfeffer

AUSSERDEM
300 g Fiocchetti, Fusilli oder eine andere kurze Nudelsorte
80 g frisch geriebener Parmesan

Die Tomaten waschen und in Würfel schneiden. Von den Basilikumstängeln die Blätter abzupfen und in feine Streifen schneiden.

Mozzarella ebenfalls in kleine Würfel schneiden. Alles in eine große Schüssel geben, mit Olivenöl vermischen, mit Salz und Pfeffer würzen und mindestens 15 Minuten durchziehen lassen.

Die Nudeln in reichlich kochendem Salzwasser nach Anweisung auf der Packung al dente kochen. Auf einem Durchschlag abtropfen lassen und dabei ein wenig von der Kochflüssigkeit aufbewahren.

Die Pasta sofort zu der Mozzarella-Tomaten-Mischung geben und rasch mit zwei großen Löffeln vermischen. Etwa die Hälfte des Parmesans untermischen und sofort servieren.

Den restlichen Parmesan getrennt dazu reichen.

TIPP
Das Entscheidende bei dem Gericht ist, dass Sie sonnengereifte Tomaten, aromatische Büffelmozzarella und frisch geerntete Basilikumblätter verwenden, dann kann nichts schiefgehen und der Erfolg ist Ihnen sicher!

GNOCCHI DI PATATE – TRICOLORE

KARTOFFELGNOCCHI IN DREI FARBEN

Das »**Croce d'oro**« ist in erster Linie bekannt für die hausgemachten Lasagnette, die Signora Teresa, die Mamma von Federico, der das Ristorante heute führt, tagtäglich frisch zubereitet. Das mitten im Marmorgebiet liegende Ristorante in dem kleinen Dorf Volargne ist daher immer gut besucht, denn auch in *bella Italia* wird es immer seltener, die Pasta so frisch zu erhalten. Wenn Federico, der alle Gerichte am Tisch vorstellt, Kartoffelgnocchi erwähnt, weiß ich schon, was ich esse, denn selten habe ich so gut gegessen. Sie zerfließen auf der Zunge. Da Gnocchi in drei Farben herzustellen sehr arbeitsintensiv ist, gibt es sie oftmals nur in einer Farbe, z. B. die roten mit einer sehr guten Schalottensauce. Hier aber das Originalrezept der Tricolore!

FÜR DIE GNOCCHI

1 kg mehligkochende Spätkartoffeln
2–4 EL Mehl, Type 405
2 Eier
30 g weiche Butter
Meersalz
frisch geriebene Muskatnuss
1–2 EL Rote-Bete-Saft
1–2 EL roher Spinat, sehr fein püriert
40 g frisch geriebener Trentingrana
4 l Salzwasser

AUSSERDEM

60 g Butter
3–4 frische Salbeiblätter
frisch geriebener Trentingrana, nach Geschmack

TIPP

Nur mit stärkehaltigen, mehligkochenden Spätkartoffeln gelingt das Rezept so, wie es sein soll. Deshalb gibt es im »Croce d'oro« auch in den Sommermonaten keine Gnocchi di patate.

Die Kartoffeln in Salzwasser gar kochen, anschließend gut abdampfen lassen. Pellen und noch heiß durch eine Kartoffelpresse auf ein Backbrett drücken. Etwas auseinanderbreiten und abkühlen lassen.

Dann die Masse bergförmig anhäufen, in die Mitte eine Mulde drücken und das Mehl darüberstäuben. Die Eier und die Butter in die Mulde geben, mit Salz und Muskat würzen und mit den Händen rasch zu einem glatten Teig verkneten, dann in drei gleich große Teile schneiden.

Unter ein Drittel vom Teig den Rote-Bete-Saft mengen, das zweite Drittel mit dem Spinatmus grün färben und unter den Rest der Kartoffelmasse den Käse mischen. Die drei Teigkugeln zu länglichen, daumendicken Rollen formen und mit einem Tuch bedeckt mindestens 20 Minuten ruhen lassen.

Unterdessen das Salzwasser zum Kochen bringen. Aus den Rollen mit einem Löffel 2 cm lange Stücke abstechen und getrennt nach Farbe im Salzwasser in wenigen Minuten garen, dabei mit den Käsegnocchi beginnen. Die Gnocchi sind gar, wenn sie an der Oberfläche schwimmen.

Die Butter mit den klein geschnittenen Salbeiblättern aufschäumen lassen und die mit einem Schaumlöffel abgetropften Gnocchi hineingeben. Kurz durchschwenken und mit dem frisch geriebenen Käse servieren.

WEINEMPFEHLUNG

Im »Croce d'oro« gibt es vorwiegend die Weine vom nahe gelegenen Weingut Albino Armani, bekannt für seinen Foja Tonda, ein körperreicher Rotwein aus einer autochthonen Rebsorte, den es lohnt zu verkosten. Zu den Gnocchi bevorzuge ich jedoch den fruchtigen Valpolicella Egle vom gleichen Weingut.

TRENTINER SPINATGNOCCHI

Das Rezept der lockeren Köstlichkeit verriet mir Sternekoch Walter Miori, als ich gemeinsam mit Adam Hauer 1998 unsere Vinothek »**Punto Trentino**« eröffnete. Der Name verpflichtete, deshalb durfte natürlich dieser Trentiner Rezeptklassiker auf der Speisekarte nicht fehlen. Es ist bis heute das absolute Lieblingsgericht der Gäste, das Aldo, der Koch, immer noch nach dem Rezept von Walter Miori zubereitet. Einhellig versicherte man mir im Trentino, dass Walter seit je hier die besten macht. Deshalb verrate ich Ihnen auch sein Rezept und wer keine Zeit hat sie nachzukochen, der geht ins »**Punto DiVino**« in München, in der Sendlingerstraße 62.

FÜR DIE GNOCCHI
200 g geschnittenes Weißbrot vom Vortag
ca. ⅛ l lauwarme Milch
500 g frischer Blattspinat
Salz, 2 Eier
frisch geriebene Muskatnuss

AUSSERDEM
2 l Gemüsebrühe
80 g Butter
6–8 Salbeiblätter
frisch geriebener Trentingrana

Das Weißbrot im Mixer zu feinsten Flocken zermahlen, dann in eine Schüssel geben. Mit Milch gleichmäßig begießen und gut durchziehen lassen.

Den Spinat gründlich waschen, in kochendem Salzwasser kurz blanchieren und auf einem Sieb gut abtropfen lassen. Abgekühlt mit den Händen gut ausdrücken und im Mixer fein pürieren. Spinat und Eier sorgfältig unter das eingeweichte Weißbrot mischen. Mit Salz und Muskat würzen und die Masse etwa 30 Minuten ruhen lassen.

Die Brühe in einem Topf erhitzen. Aus dem Teig mithilfe eines Esslöffels Nocken formen und in 4 bis 5 Minuten gar ziehen lassen.

In einer großen Pfanne die Butter mit den Salbeiblättern aufschäumen lassen. 100 ml der Gemüsebrühe dazugießen und cremig einkochen lassen. Die Nocken mit einem Schaumlöffel herausheben, in die Salbeibuttersauce geben und durchschwenken. Mit Käse bestreuen und sofort servieren.

TIPP
Wichtig ist, dass das Brot weder zu grob noch zu feinbröselig ist, das ist das Geheimnis dieser köstlichen Trentiner Spezialität.

WEINEMPFEHLUNG
Dazu trinkt man Nosiola, den typischen Trentiner Weißwein mit dem zarten Nussaroma im Abgang. Die Rebstöcke dieser beliebten autochthonen Rebsorte gedeihen vorwiegend im Valle dei Laghi, dem »Tal der Seen« zwischen Trento und Riva del Garda.

TRENTINER KNÖDEL AUF WIRSING UND GERÄUCHERTER PANCETTA

Dies ist ein Rezept aus der Küche der »**Villa Madruzzo**«, dem Hotel mit dem schönsten Blick auf Trento und einem unglaublich romantischen Park. Das Traditionshaus zum Wohlfühlen wird seit vielen Jahren von Signor Battista Polonioli mit Charme und Perfektion geführt. Die Ruhe genießen und dennoch in wenigen Minuten im *centro storico* von Trento, das ist der Ort, um Urlaub zu machen.

FÜR DIE KNÖDEL

500 g altbackenes Weißbrot, in Würfel geschnitten
ca. 100 ml Milch
200 g Zwiebeln, in kleine Würfel geschnitten
10 g Knoblauch, fein gehackt
100 g Butter
200 g rohe Lucanica (ersatzweise rohe Bratwurst), in kleine Stücke geschnitten
100 g gekochte Pancetta, in Würfel geschnitten
50 g Speck, in kleine Würfel geschnitten
40 g gehackte Petersilie
8 Eier
100 g Mehl
60 g frisch geriebener Trentingrana

AUSSERDEM

½ Wirsingkopf, Salz
80 g geräucherte Pancetta

Die Brotwürfel mit kalter Milch begießen und gut durchziehen lassen.

Zwiebel- und Knoblauchwürfel in der heißen Butter dünsten, dann die Lucanica- und die Pancettawürfel hinzufügen und kurz mit anschwitzen. Leicht abgekühlt mit Petersilie, Eiern, Mehl und Käse zum eingeweichten Brot geben und zu einer glatten Masse verarbeiten. Der Teig muss gut formbar sein, falls er zu weich ist, noch etwas Mehl hinzufügen. Mindestens 30 Minuten ruhen lassen.

Wirsing in Streifen oder Quadrate schneiden und in kochendem Salzwasser blanchieren.

Die Pancettawürfel in einer tiefen Pfanne glasig braten, den gut abgetropften Wirsing hinzufügen und unter Schwenken der Pfanne in einigen Minuten fertig garen.

Golfballgroße Kugeln aus der Masse formen und in kochendem Salzwasser in etwa 6 bis 8 Minuten garen.

Die Knödel mit einem Schaumlöffel herausheben und auf dem Wirsing-Pancetta-Bett anrichten.

TIPP

Wem das zu viel Speck ist, der kann den Wirsing auch nur in Butter schwenken und die Canederli mit frisch geriebenem Trentingrana bestreuen.

WEINEMPFEHLUNG

Auch wenn man im Trentino dazu gerne einen Rotwein trinkt, ich ziehe den Müller-Thurgau von meinem Freund Mario Pojer vor, weil dieser lebendige, vor Frucht und Frische strotzende Weißwein auch dank seiner gut integrierten Säure dieses schmackhafte, aber auch üppige Gerichte bekömmlicher macht.

GEMÜSE

Spargel – ob weiß oder grün – kommt im Frühjahr auf den Tisch, im Spätherbst prägen Kürbis- und Trüffelgerichte die Speisekarte: alles erntefrisch aus der Region.

GEMÜSE

KOSTBARE BODENSCHÄTZE

DAS AROMATISCHE INNENLEBEN DER KÜRBISSE

Viele orangerot leuchtende Kürbisse sieht man vor allem auf den Feldern entlang des Mincio, im Hinterland des Gardasees, wenn man in Richtung Mantova fährt. Der Kürbis ist eine der ältesten Kulturpflanzen der Erde, was prähistorische Funde von Kürbissamen beweisen.
Seine Heimat liegt südlich und nördlich des Äquators, dem heutigen Mexiko und Peru. Anfangs waren es ausschließlich die Kerne und das daraus hergestellte Öl, die den Menschen zur Ernährung dienten.
Im 17. Jahrhundert begann man die Pflanze in Italien anzubauen und zwar vorwiegend entlang von Flüssen, denn Kürbisse fühlen sich auf Schwemmlandböden am wohlsten. Wenn es noch dazu schön warm ist, gedeihen die riesigen Speisekürbisse besonders prächtig.
Deshalb findet man entlang des Mincio außergewöhnlich große und schmackhafte Exemplare. Ihr herb-süßliches Fruchtfleisch hat insbesondere die Menschen in und um Mantova dazu inspiriert feinste Gerichte daraus zuzubereiten.
Jeder der hier am Gardasee Urlaub macht, kennt die typische Spezialität: Tortelloni mit Kürbis-Amaretti-Füllung (siehe Rezept Seite 107) oder, wer es nicht ganz so süßlich mag, der genießt einen feinen Kürbisrisotto (siehe Rezept Seite 126).

SPARGEL – GRÜN UND WEISS

Bereits Anfang April beginnt die Spargelsaison am Gardasee. Die Provinz Verona ist sicherlich, neben Südtirol, das bedeutendste Spargelanbaugebiet Italiens. Im Hügelland von Cavaion über Affi, entlang des Etschufers bis Rivoli Veronese, findet man viele Spargelfelder, denn hier sind die Böden sandig und das ist perfekt für den Spargelanbau. Spargel hat zwar in Italien keine sehr lange Tradition, wird aber von Jahr zu Jahr von den Einheimischen immer mehr geschätzt. In fast allen Ristoranti und Trattorien – vor allem auf der Ostseite des Sees – stehen von April bis Juni Spargelgerichte in allen Versionen auf der Speisekarte. Besonders gerne werden die edlen Stangen hierzulande mit einer Eier-Kräuter-Vinaigrette als *antipasto* gereicht oder als *primo,* lecker vereint mit einer Pasta oder als köstlicher Spargelrisotto.

KAPERN

Vorwiegend auf der Westseite des Gardasees sieht man die wild wachsenden Kapernsträucher aus vielen alten Mauern sprießen. An den schön anzusehenden Hängesträuchern gedeihen den ganzen Sommer hindurch Blüten, Knospen und Früchte gleichzeitig. Die Köche und die Hausfrauen der Region legen die Früchte und die Knospen entweder in Essig oder in Salz ein und verleihen damit ihren Speisen eine ganz besonders aromatische Note.

TRÜFFEL – KOSTBARE BODENSCHÄTZE, DIE FANTASTISCH SCHMECKEN

Die Qualität der sündhaft teueren Albatrüffeln haben die Gardasee-Trüffeln zwar nicht, aber schmackhaft sind sie allemal – egal ob vom Monte Baldo, aus den Bergen der Lombardia oder aus der Gegend um Mantova. Wer also nicht ganz so viel Geld locker machen möchte, für den sind die frischen Gardasee-Trüffeln eine echte Alternative. Üppig und fein gehobelt auf einer *pasta fatta a casa* – schmecken die schwarzen Trüffeln, vor allem im Spätherbst oder Winter, besonders fein.
Denn, ab dem Spätherbst gibt es zwei besonders aromatische Trüffelsorten: *mesenterico* und *l'unicinato*. Aber noch intensiver in Duft und Geschmack ist *tartufo invernale,* der von Dezember bis Ende Januar angeboten wird. Nutzen Sie diese Zeit, denn im Frühling ist erst mal Schluss mit der Trüffelsuche.
Wer jedoch denkt, er kann auf eigene Faust Trüffeln suchen gehen – ohne Hunde, ohne qualifizierende Prüfung und ohne Ausweis – sollte wissen, dass das Wilderei ist und hart bestraft wird. Trüffelsuchen darf man nur, wenn man eine amtliche Prüfung bei der jeweils zuständigen Verwaltungsbehörde abgelegt hat. Und es gibt nur wenige, die dazu befugt sind.
Einige Tipps, damit Sie beim Trüffelkauf nicht über den Tisch gezogen werden:

- Immer an der Knolle riechen, denn die Größe alleine entscheidet nicht über die Qualität.
- Die Trüffel muss hart und fest sein. Weiche Trüffeln haben ihre beste Zeit bereits hinter sich.
- Dezember- und Januartrüffeln sind am hochwertigsten.
- Niemals sollte das Trüffelgericht fertig serviert werden! Die Trüffel muss vor den Augen des Gastes über die Pasta oder den Risotto gehobelt werden. Wer nicht schummelt, hat auch nichts zu verbergen.

TORTEL DI PATATE

TRENTINER KARTOFFELPUFFER

Häufig bereiten die trentinischen Hausfrauen ihre *tortel di patate* mit einem Ei und Mehl zu. Dadurch verlieren sie aber ein wenig ihre Knusprigkeit. Walter Miori, der über zwölf Jahre mit einem Michelinstern gekrönt war und sich nun mehr dem Kochen für Freunde verschrieben hat, bereitet sie sozusagen *in purezza* zu. So kommt der feine Kartoffelgeschmack am besten zur Geltung und die Puffer bleiben super knusprig.

5–6 große mehligkochende Spätkartoffeln
2 Thymianzweige
Salz, frisch gemahlener weißer Pfeffer
8–10 EL Gardasee-Olivenöl

Die Kartoffeln schälen und auf einer Rohkostreibe nicht zu fein in eine Schüssel raspeln.

Sobald alle gerieben sind, die Kartoffelmasse gut ausdrücken und die Flüssigkeit in einer Schüssel auffangen.

Die Flüssigkeit etwa 5 Minuten stehen lassen, dann das Kartoffelwasser abgießen und die sich abgesetzte Stärke unter die Kartoffelmasse mischen. Mit Salz, Pfeffer und fein gehackten Thymianblättern würzig abschmecken.

In einer kleinen Pfanne mit 20 cm Durchmesser 1 EL Olivenöl erhitzen und ein Viertel der Kartoffelmasse hineingeben. Mit einem Löffelrücken flach drücken und eine Seite goldbraun braten, dann wenden, einen weiteren Esslöffel dazugeben und auch die zweite Seite knusprig und goldbraun braten.

Auf diese Weise vier Tortel zubereiten. Man kann aber auch kleinere Kartoffelpuffer aus der Masse backen.

TIPP

Im Trentino isst man zu den »Tortel di Patate« lediglich Salamischeiben oder Puzzonekäse und serviert es als Vorspeise. Ich überbacke die Käseplätzchen gerne mit einer Scheibe Puzzone oder einem anderen Rotschmierkäse und reiche einen bunt gemischten Kräutersalat dazu. Dann ist es eine sättigende Mahlzeit!

WEINEMPFEHLUNG

Ein Rotwein aus der heimischen Rebsorte Marzemino, z. B vom Weingut Letrari in Rovereto, passt »perfetto« zu der herzhaften Vorspeise, bzw. kleinem Mittagessen.

ORZOTTO CON VERDURE

GERSTENRISOTTO MIT GEMÜSE

Früher waren Gerichte aus Gerstenkörnern Armeleuteessen und meist wurde daraus eine sättigende Suppe zubereitet.
Da auch bei uns Risotto immer beliebter wird, und dank einiger Sterneköche, bekam das einfache Gericht einen völlig anderen Stellenwert. Heute schmückt *orzotto* in unterschiedlichsten Varianten die Speisekarte feiner Ristoranti!

FÜR DEN ORZOTTO

300 g Gerstenkörner
2 Selleriestangen
2 Karotten
1 Zucchino
1 große Zwiebel
2 Knoblauchzehen
2 EL Gardasee-Olivenöl
40 g Butter
gut 600 ml heiße Fleischbrühe
1 Knochenstück vom Rohschinken
Salz, frisch gemahlener Pfeffer

AUSSERDEM

1 Bund glatte Petersilie
60 g frisch geriebener Trentingrana
4 Scheiben Coppa-Schinken

Die Gerstenkörner über Nacht in kaltem Wasser einweichen.

Selleriestangen, Karotten, Zucchino, geschälte Zwiebel und Knoblauchzehen in kleine Würfel schneiden. Olivenöl und 20 g Butter erhitzen und die Zwiebel- und Knoblauchwürfel sowie die gut abgetropften Gerstenkörner darin etwa 5 Minuten anschwitzen. Mit Fleischbrühe aufgießen, das Schinkenstück hineinlegen und zugedeckt bei schwacher Hitze 45 bis 50 Minuten quellen lassen.

Nach der Hälfte der Garzeit das vorbereitete Gemüse untermischen und fertig garen. Falls nötig noch etwas Brühe hinzufügen.

Schinken herausnehmen und die gehackte Petersilie, den Käse und die restliche Butter unterrühren. Mit Salz und Pfeffer herzhaft würzen und ruhen lassen.

Die Coppascheiben in Streifen schneiden und im restlichen Olivenöl knusprig braten. Den Gerstenrisotto auf vier tiefe Teller verteilen und mit den knusprigen Coppastreifen servieren.

TIPP

Die Garzeit der Gerstenkörner variiert, deshalb sollten sie immer noch ein wenig mehr Zeit einplanen. Wichtig ist, dass der Orzotto bei schwacher Hitze langsam ausquillt, zu starke Hitze vermindert die Quellung.

ZUPPA DI ZUCCA E FAGIOLI

KÜRBIS-BOHNEN-SUPPE

Das Rezept hat mir Enrico Pellegrini gegeben, weil mir die Suppe, als ich bei ihm in der Osteria »**Antico Brolo**« war, gegessen habe. Und obwohl ich eigentlich nicht gerne Suppen esse, hat sie mir sehr gut geschmeckt. Ich verrate Ihnen gerne das Rezept!

300 g getrocknete Bohnenkerne
1 kleine Zwiebel, in kleine Würfel geschnitten
50 g Sellerie, in kleine Würfel geschnitten
80 ml Gardasee-Olivenöl
Salz
400 g Kürbisfruchtfleisch, in Würfel geschnitten
40 g Butter
20 g gehackte Thymianblätter
1 fein gehackte Knoblauchzehe
50 g frisch geriebener Parmesan
frisch gemahlener Pfeffer

Die Bohnen am Vortag in reichlich Wasser einweichen.

Am nächsten Tag Zwiebel- und Selleriewürfel in Olivenöl andünsten. Die eingeweichten, abgetropften Bohnen dazugeben und etwa 10 Minuten mit anschwitzen, dann mit Wasser bedecken, salzen und ca. 2 Stunden bei schwacher Hitze garen lassen.

Die Kürbiswürfel dazugeben, falls nötig noch Wasser hinzufügen und eine weitere Stunde bei schwacher Hitze köcheln lassen.

Ein Drittel der Suppe im Mixer fein pürieren und unter die restliche Suppe mischen.

Die Butter aufschäumen lassen und Thymian und Knoblauch darin anschwitzen. Unter die Suppe rühren und kurz durchkochen lassen.

Auf Suppenteller verteilen und mit Pfeffer und frisch geriebenem Parmesan bestreuen.

TIPP

Wenn es schneller gehen soll, dann greifen Sie auf Bohnen aus der Dose zurück.

ZUPPA DI PISELLI E LARDO
CON CHIPS DI PATATE VIOLA CROCCANTI

ERBSENSUPPE MIT LARDO UND LILA KARTOFFELCHIPS

Dieses Rezept habe ich von Carlotta, der sympathischen Mama von Erica, meiner Fotografin. Sie ist eine begeisterte Hobbyköchin und hat ihrer Tochter die Leidenschaft und Neugierde für gutes Essen vererbt. Eine köstliche Suppe – speziell für kühle Herbst- oder Wintertage.

FÜR DIE SUPPE
500 g getrocknete Erbsen
1 Selleriestange, klein geschnitten
1 Karotte, in Stücke geschnitten
1 Zwiebel, geschält und klein geschnitten
Salz
2 EL Gardasee-Olivenöl
1 frisches Lorbeerblatt
10 Wacholderbeeren
70 g Lardo, ersatzweise Pancetta, in Würfel geschnitten
frisch gemahlener Pfeffer

AUSSERDEM
1 lila Kartoffel
1 festkochende Kartoffel
Gardasee-Olivenöl zum Frittieren

Die Erbsen über Nacht in reichlich Wasser einweichen.

Am nächsten Tag die Bohnen auf einem Sieb abtropfen lassen und in einen Topf geben. Mit 1 ½ l Wasser bedecken und in etwa 1 Stunde weich kochen lassen.

Währenddessen Sellerie, Karotte und Zwiebel in 1 l Wasser zum Kochen bringen, salzen und etwa 30 Minuten bei schwacher Hitze köcheln lassen. Anschließend durch ein Sieb gießen und beiseitestellen.

In einem Kochtopf das Olivenöl erhitzen und das Lorbeerblatt, die zerdrückten Wacholderbeeren sowie die Lardowürfel darin anbraten. Die gut abgetropften Erbsen dazugeben und kurz mit anschwitzen. Mit der vorbereiteten Gemüsebrühe aufgießen und weitere 30 Minuten kochen lassen.

Alles im Mixer fein pürieren und mit Salz und Pfeffer würzen

Für die Chips beide Kartoffeln schälen und in sehr feine Scheiben hobeln. In reichlich Olivenöl knusprig frittieren. Auf Küchenpapier abtropfen lassen.

Die Suppe in Schüsselchen oder Teller füllen und mit den Kartoffelchips garnieren.

TIPP
Lardo heißt der fette Rückenspeck frei laufender Schweine. Er ist wesentlich fetter als Speck von Zuchtschweinen und auch aromatischer. Fein gewürzt reift der Speck 3 bis 6 Monate – je nach Region! Am bekanntesten ist und am meisten geschätzt wird der Lardo di Colonnata (Marmor-Steinbrüche Carrara), der mindestens 10 Monate in Trögen aus Marmor reifen muss.

MINESTRONE DI CASTAGNE

MINESTRONE MIT KASTANIEN

Kastanien enthalten reichlich Stärke, die für eine cremige Bindung sorgt, vor allem wenn man sie püriert. Mir persönlich schmeckt diese Version besser, aber im Nu hat man mit Hilfe des Stabmixers auch eine Kastaniencremesuppe.
Vor allem auf dem Monte Baldo – rund um San Zeno di Montagna – aber auch im trentischen Teil des über 30 Kilometer langen Bergrückens gedeihen aromatische Esskastanien. Und daraus bereiten die Hausfrauen seit jeher schmackhafte und sättigende Mahlzeiten zu. In den vergangenen Jahren haben sich auch kreative Köche der gesunden Baumfrucht angenommen und so wächst von Jahr zu Jahr die Vielzahl köstlicher Kastaniengerichte.
Dies ist meine Version einer Kastaniensuppe, weil ich gerne sehe, was ich esse – heißt: Ich mag nicht so gerne Cremesuppen.

1 Karotte
1 Selleriestange
1 Lauchstange
½ kleine Fenchelknolle
2–3 Wirsingblätter
200 g Kastanien, gekocht und geschält
1 kleine Zwiebel
1 Knoblauchzehe
80 g roher Schinken
4 EL Gardasee-Olivenöl
Salz, frisch gemahlener Pfeffer
2 l Fleischbrühe
½ Bund Petersilie

Karotten schälen, Selleriestange, Lauch, Fenchel und Wirsingblätter waschen und alles in kleine Würfel schneiden. Die Zwiebel und Knoblauch schälen und wie den rohen Schinken in winzige Würfel schneiden.

Olivenöl in einem Kochtopf erhitzen und Zwiebel-, Knoblauch- und Schinkenwürfel darin andünsten. Dann das restliche Gemüse mit den Kastanien dazugeben und mit anrösten. Salzen und pfeffern und mit der Fleischbrühe aufgießen und zum Kochen bringen. Dann bei sanfter Hitze etwa 30 bis 40 Minuten köcheln lassen.

Mit frisch gehackter Petersilie garnieren.

TIPP
Besonders edel wird die Suppe, wenn man sie, passend zur Saison, kurz vor dem Servieren mit goldbraun gebratenen Steinpilzen belegt. Wer die Suppe sämiger möchte, der passiert ein Drittel davon mit dem Stabmixer.

POLENTA

Polenta – das ist in Italien einerseits die Bezeichnung für den Maisgrieß, andererseits auch für den daraus zubereiteten Maisbrei oder die gebratenen Maisschnitten. Wie auch immer, ohne Polenta geht, zumindest in Norditalien, nichts! Polenta hat den gleichen Stellenwert wie bei uns die Kartoffel! Wobei ich einfach mal ergänzen muss, dass ich Kartoffeln – wie immer sie auch zubereitet sind – einfach lieber mag. Und das nach vielen Jahren in der Hochburg der Polenta im Veneto und Trentino. Es sind eben die Gerichte mit denen man von Kindesbeinen an konfrontiert worden ist, die kennt man, die schmecken und das ist gut so. Außerdem: Italienische Kartoffeln sind nicht vergleichbar mit deutschen Kartoffeln. Es ist eines der wenigen Produkte, neben Schwarzbrot, das ich importiere …
Dennoch eine gute, handgerührte Polenta – sei es die aus grobem Maismehl, wie es die Trentiner und Lombarden lieben, oder die feine, sämige, wie man sie im Veneto liebt – hat auch was. Hier das Rezept!

FÜR DIE POLENTA

1 l Wasser
20 g Salz
400 g grobes gelbes Maismehl
30 g Butter

FÜR DIE CIALOLE DI POLENTA

500 g fertige Polenta aus feinem Polentamehl
50 g frisch geriebener Parmesan

Das Salzwasser zum Kochen bringen, dann das Maismehl unter Rühren mit einem Schneebesen einlaufen lassen. Sobald die Mischung aufkocht, die Hitze reduzieren und den Topf locker mit einem Deckel abdecken, da der Brei ziemlich wild um sich spritzt.

Wichtig ist, dass Sie immer wieder gründlich umrühren, in allen Ecken, der Maisbrei brät gerne an. Die ganze Prozedur dauert etwa eine Stunde, je nach Polentamehl.

Zum Schluss die Butter unterrühren und entweder als Brei servieren oder etwa 1 ½ cm dick auf eine Platte streichen und erkalten lassen. Dann in Rauten oder Quadrate schneiden und entweder auf dem Grill oder in einer Pfanne knusprig braten.

EXTRATIPP

»Cialole di polenta« – ein knuspriger Hauch von Enrico Pellegrini (»Antico Brolo« in Gardone Riviera), das niemals in seinem sensationellen Brotkorb fehlt.

Die fertige Polenta mit Parmesan vermischen. Dann so dünn wie möglich, zungenförmig auf ein gefettetes Backblech streichen und 1 Stunde bei 160 °C im Ofen goldbraun und knusprig backen.

TIPP

Es gibt noch einige Trattorien, wo die Polenta in einem Kupferkessel auf offenem Feuer unter ständigem Rühren gekocht wird, wie z. B. im Ristorante »D & D« in Nogaredo, mit einem traumhaften Blick auf Rovereto. Ehrlich gesagt kenne ich aber viele Hausfrauen, die eine fertig abgepackte Polenta kaufen, in Scheiben schneiden und grillen oder braten. Auch in »bella Italia« sind nämlich viele Frauen berufstätig und haben keine Lust, abends noch stundenlang Polenta zu rühren …

WEINEMPFEHLUNG

Zu diesem venetianischen Reisgericht mit asiatischem Touch möchte ich einen Riesling trinken, für mich einen aus dem Rheingau – den Riesling von der Lage Stielweg vom Weingut Künstler.

Riso Venere con bocconcini di pollo, ananas e gamberi

SCHWARZER REIS MIT HÄHNCHEN, ANANAS UND KRABBEN

Noch ist er bei uns weitgehend unbekannt, der Riso Venere oder schwarze Reis. Die meisten denken dabei an den Wildreis, der jedoch eher als Beilage betrachtet werden kann und für mich als Risotto-Fan ein wenig sperrig zu essen ist. Anders der Riso Venere, das Urkorn der italienischen Reissorten, das hundertprozent biologisch ist und Genießer mit seinem Duft und Geschmack von Brotkrume begeistert. Gabriele Ferron war einer der ersten, der diesen Urreis wiederentdeckt hat. Und *naturalmente* als leidenschaftlicher Koch witzige Rezepte dafür entwickelte. Hier ist eines davon!

350 g Risottoreis (Riso Venere)
4 EL Gardasee-Olivenöl
700 ml heißer Gemüsebrühe
1 Schalotte
100 g Hähnchenbrust
80 g frisches Ananasfruchtfleisch
200 g Krabben
Salz, frisch gemahlener Pfeffer
1 Tl frisch geriebene Ingwerwurzel

Backofen auf 200 °C vorheizen. 2 EL Olivenöl in einer Kasserole erhitzen und den Riso Venere darin einige Minuten bei mittlerer Hitze andünsten. Mit 500 ml heißer Gemüsebrühe aufgießen, aufkochen lassen und zugedeckt im heißen Backofen in 30 bis 35 Minuten ausquellen lassen.

Anschließend in eine Metallform geben und abkühlen lassen.

Die Schalotte schälen und in kleine Würfel schneiden. Die Hähnchenbrust und die Ananas in kleine Würfel schneiden,

Das restliche Olivenöl in einer Pfanne erhitzen und die Schalottenwürfel darin andünsten. Die Hähnchenwürfel dazugeben und in wenigen Minuten bei schwacher Hitze garen. Dann die Krabben und die Ananas untermischen und unter Schwenken der Pfanne erhitzen. Mit Salz und Pfeffer und Ingwer würzen.

Diese Mischung unter den gegarten Reis mischen, die restliche Brühe hinzufügen und noch etwa 4 bis 5 Minuten unter gelegentlichem Umrühren mit einem Holzlöffel erhitzen. Auf weißen Tellern anrichten und vor dem Reinbeißen den feinen Brotduft genießen.

TIPP

Ich persönlich würze das köstliche Riso-Venere-Gericht mit frisch gehacktem Cilantro – frischem Koriander –, das jedoch ist ganz und gar nicht italienisch und meine italienischen Freunde können daran absolut keinen Gefallen finden. Wer jedoch, wie ich, auch Thai-Küche mag, der wird mich verstehen …

CREMA DI PANE D'ORZO CON SCAMPI

CREMESUPPE AUS GERSTENBROT MIT SCAMPI

Wenn der Vater mit Sohne … Im »**La Dispensa**« in San Felice ist das so, und es klappt seit vielen Jahren prima. Papa Roberto hat sich, nachdem er seine Firma verkauft hatte, den Wunsch, eine kleine Weinbar zu betreiben, erfüllt. Und da sein Sohn Michele leidenschaftlich gerne kocht, war es nahe liegend, dass er für das leibliche Wohl der Gäste sorgt. Zuerst gab es vor allem allerfeinstes Tatar und köstliche Käse, vorwiegend aus Frankreich. Vor zwei Jahren sind die beiden ein paar Häuser weiter gezogen, direkt auf dem Marktplatz von San Felice. Nun hat Michele eine größere Küche und sein kulinarisches Angebot ist vielfältiger geworden! In den heimeligen Speisezimmern und auf der Terrasse vor dem Haus können sich nun mehr Genießer an den Köstlichkeiten aus besten Produkten erfreuen. Und Papa kümmert sich charmant und mit Weinkenntnis um die Gäste.

400 g Gerstenbrot, vom Vortag
2 Schalotten
3 EL Gardasee-Olivenöl
2–3 Thymianzweige
ca. 700 ml Hühnerbrühe
Salz, frisch gemahlener Pfeffer

AUSSERDEM
4 große Scampi
2 Scheiben Gerstenbrot oder Vollkorntoast
4 EL Gardasee-Olivenöl
2 Thymianzweige
4 krause Petersilienstängel
Gardasee-Olivenöl, extra vergine

Das Brot in Stücke schneiden und unter dem Grill goldbraun rösten oder in Scheiben geschnitten toasten. Abkühlen lassen.

Die Schalotten schälen und in kleine Würfel schneiden und in einem großen Topf in Olivenöl andünsten. Die Thymianzweige und das Brot dazugeben und kurz anschwitzen. Dann mit der Hühnerbrühe aufgießen und einige Minuten köcheln lassen.

Die Suppe im Mixer fein pürieren und durch ein feines Sieb passieren.

Die Scampi von ihren Schalen befreien, die Brotscheiben in Würfel schneiden. Olivenöl in einer Pfanne erhitzen und die Scampi darin mit den Thymianzweigen anbraten. Herausnehmen und die Brotwürfel in dem Fett goldbraun braten.

Die Suppe auf vier tiefe Teller verteilen. Die Scampi in mundgerechte Stücke schneiden und mit den Brotwürfeln auf der Suppe verteilen. In die Mitte ein Petersiliensträußchen geben und mit feinstem Olivenöl beträufelt servieren.

TIPP
Anstelle der Scampi serviert Michele diese im »La Dispensa« so beliebte Suppe auch mit bretonischen Austern, die er kurz anbrät, und manchmal auch mit zart gekochten Oktopusstücken.

DISPENSA

SECONDI

Fische vom Lago stehen rund um den See auf fast allen Speisekarten, im Hinterland hingegen sind Geflügelgerichte, Bollito misto oder Fleisch vom Grill die Protagonisten.

FARAONA CON LIMONE E CAPPERI

PERLHUHN MIT ZITRONE UND KAPERN

Perlhuhn, auf italienisch *faraona*, findet man rund um den See häufig auf den Speisekarten. Wie schon erwähnt kauft man die »wilden Hühnervögel« in Italien mitsamt Kopf und Füßen, um das Alter der Vögel zu erkennen. Das Fleisch der Perlhühner ist wesentlich aromatischer als das der üblichen Hähnchen. Diese Version mit den Zitronen und Kapern liebt man vor allem in der Lombardia, wo die Kapernsträucher wild aus Mauern sprießen und die hier so wunderbar gedeihenden Zitronen – von Salò bis Limone – der westlichen Gardaseeküste den Namen geben: »Riviera dei Limoni«.

1 küchenfertiges Perlhuhn von etwa 900 g
Salz, frisch gemahlener Pfeffer
Saft und abgeriebene Schale von 1 unbehandelten Gardasee-Limone
4 Thymianzweige
1 Rosmarinzweig
6 EL Gardasee-Olivenöl
1 große mehligkochende Kartoffel
¼ l Hühnerbrühe
2 EL kleine Kapern, möglichst in Salz eingelegt
1 Bund Petersilie

Das Perlhuhn waschen und in 8 Stücke teilen. Mit Salz und Pfeffer würzen. Zitronensaft und -schale, die abgezupften Blätter von 2 Thymianzweigen und 4 EL Olivenöl gründlich verquirlen und die Perlhuhnteile damit einreiben. Kühl gestellt mindestens 4 Stunden marinieren.

Die Kartoffel schälen und in winzig kleine Würfel schneiden.

In einer tiefen Pfanne das restliche Olivenöl erhitzen und die abgetropften Geflügelteile goldbraun anbraten. Die Marinade sowie den restlichen Thymian, den Rosmarinzweig und die Kartoffelwürfelchen dazugeben und kurz mit anschwitzen. Mit Hühnerbrühe aufgießen und zugedeckt bei schwacher Hitze etwa 20 Minuten schmoren lassen.

In Salz eingelegte Kapern kurz mit kaltem Wasser abbrausen und mit der gehackten Petersilie unter das Geflügelgericht mischen. Die Kochplatte abschalten und noch wenige Minuten durchziehen lassen.

TIPP

Das Gericht hat alle Vorzüge für eine lockere Sommerfete, denn man kann es bereits am Morgen, wenn es noch kühler ist, vorbereiten. Lauwarm schmeckt das Zitronen-Perlhuhn besonders lecker. Dazu gibt's ein knuspriges Ciabattabrot.

WEINEMPFEHLUNG

Zur frisch lebendigen Säure der Zitrone harmoniert sehr gut ein cremiger Chardonnay.

POLLO CON POMODORINI, BASILICO E OLIVE

HÄHNCHEN MIT COCKTAILTOMATEN, BASILIKUM UND OLIVEN

Ich weiß nicht, wie viele verschiedene Hähnchenrezepte es in Italien gibt. Jede Hausfrau hat einen ganz persönlichen Favoriten und auch ich experimentiere gerne mit dem leicht bekömmlichen Hähnchenfleisch. Mir schmeckt diese sehr mediterrane Version besonders gut. Wichtig für den Wohlgeschmack sind aber frische Freilandhähnchen, die man in *bella Italia* noch leicht erhält, vollreife Tomaten und natürlich erntefrisches Basilikum.

1 fleischiges Freilandhähnchen von etwa 1, 3 kg
Salz, frisch gemahlener Pfeffer
16 Cocktailtomaten
4 Knoblauchzehen
1 Fenchelknolle
6 EL Gardasee-Olivenöl
2 Thymianzweige
¼ l Chiaretto
2 EL kleine, entkernte schwarze Oliven (am besten Taggiasca-Oliven)
½ Bund Basilikum

Das Hähnchen waschen, in 8 kleine Stücke teilen und mit Salz und Pfeffer würzen.

Die Cocktailtomaten kurz in kochendes Wasser tauchen, kalt abbrausen und häuten. Die Knoblauchzehen schälen und fein zerdrücken. Die Fenchelknolle halbieren, den harten Strunk entfernen und längs in Streifen schneiden.

Olivenöl in einer großen Pfanne erhitzen und die Geflügelteile rundherum goldbraun anbraten. Fenchelstreifen, Knoblauch und Thymian hinzufügen, kurz anschwitzen und mit Chiaretto aufgießen. Zugedeckt in etwa 20 Minuten bei schwacher Hitze gar schmoren.

Tomaten, Oliven und die fein geschnittenen Basilikumblätter untermischen. Die Kochplatte abschalten und noch einige Minuten durchziehen lassen.

TIPP

Schmeckt am besten, wenn das Gericht ein wenig abgekühlt ist. Dazu gibt es ein knuspriges Ciabattabrot, weil man damit auch gut den feinen Fleisch-Gemüse-Saft auftunken kann.

WEINEMPFEHLUNG

Ein Bardolino Chiaretto, der feinfruchtige Wein mit dem zarten Rosenduft, begleitet das sommerliche Gericht aufs Feinste, z. B. der duftige Chiaretto vom Weingut Guerrieri Rizzardi in Bardolino.

WEINEMPFEHLUNG

Ein fruchtig-ausgewogener Pinot Nero vom nahe gelegenen Weingut Cantrina harmoniert prächtig mit diesem exzellenten, herbstlichen Geflügelgericht.

FARAONA DISOSSATA E RIPIENA, COTTA AL FORNO CON PRUGNE E CASTAGNE

ENTBEINTES PERLHUHN MIT PFLAUMEN UND KASTANIEN GEFÜLLT

Die Trattoria »**La Pepola**« liegt zwar etwas abseits der üblichen Touristenschauplätze am Gardasee, aber die etwa zehn Minuten Entfernung von Manerba lohnen sich! Hier isst man wirklich sehr gut, das Ambiente ist hübsch und der Service familiär. Ich habe den Tipp, im »La Pepola« zu essen, von Cristina, der Besitzerin des kleinen, aber feinen Weingutes Cantrina bekommen, die nur einige Kilometer entfernt ihre Kellerei hat. Es lohnt sich, auch da mal vorbeizuschauen, denn ihre Weißweincuvée »Rine« und natürlich ihr Pinot Nero, den es seit 2009 auch als Rosato gibt, sind beachtlich.

1 küchenfertiges Perlhuhn, von etwa 1, 2 kg
Salz, frisch gemahlener Pfeffer

FÜR DIE FÜLLUNG
2 Handvoll Semmelbrösel
1 EL frisch geriebener Grana Padano
1 EL frisch gehackte Petersilie
3 Haselnusskerne
30 gekochte Esskastanien (Maroni)
½ gehackte Knoblauchzehe
100 g Butter
200 ml heiße Hühnerbrühe

AUSSERDEM
200 g getrocknete Pflaumen
4 EL Gardasee-Olivenöl
⅛ l trockener Weißwein

Das Perlhuhn vom Rückgrat her entbeinen. Mit Salz und Pfeffer würzen.

Die Semmelbrösel mit dem Käse, der Petersilie und den grob gehackten Haselnüssen, sowie 6 in kleine Stücke geschnittenen Maroni vermischen. 50 g Butter in einer Pfanne so lange erhitzen, bis sie goldbraun ist, dann unter Rühren mit einem Holzkochlöffel unter die Semmelbröselmischung rühren, anschließend nach und nach 200 ml heiße Brühe unterrühren und mit Salz und Pfeffer würzen. Die Farce muss ziemlich fest sein. In das vorbereitete Perlhuhn füllen und die Öffnung mit einem Küchengarn zunähen.

Den Ofen auf 160 °C vorheizen. Die restliche Butter mit dem Olivenöl in einer Bratreine erhitzen und das Perlhuhn rundherum anbraten. Mit dem Wein ablöschen und 30 Minuten im Ofen garen lassen. Dann die getrockneten Pflaumen sowie die restlichen Kastanien hinzufügen, mit der restlichen Brühe begießen und bei 180 °C weitere 30 Minuten garen.

Das Perlhuhn noch kurz im abgeschalteten Ofen ruhen lassen, dann in Scheiben schneiden, mit Kastanien und Pflaumen umkränzen und mit Bratsaft begießen.

TIPP
Anna Maria, die gemeinsam mit ihrem Sohn Gerardo für die Gäste kocht, meint, dass das Perlhuhn genauso gut schmeckt, wenn man es vorher nicht entbeint. Lediglich im Restaurant ist das Portionieren einfacher.

WEINEMPFEHLUNG

Im Valpolicella, der Weinbauregion des Amarone, genießt man Ente mit einem nicht zu alkoholreichen Valpolicella Superiore, weil die typischen Kirscharomen unglaublich gut mit der würzigen Ente harmonieren.

PETTI DI ANATRA CON MIELE E SPEZIE

ENTENBRUST MIT HONIG UND GEWÜRZEN

Es war eine echte Überraschung, als ich das erste Mal bei meiner Freundin Ada, der Köchin und Padrona der »**Enoteca della Valpolicella**«, eine rosa gebratene Entenbrust aß. Ich wusste damals nicht, dass man auch hier im wunderschönen Hügelland der Valpolicella dieses schmackhafte Federvieh seit jeher in allen Variationen zubereitet. Im Herbst und Winter spielt das schmackhafte Geflügel in und um Verona eine große Rolle! Super, denn der kirschfruchtige Valpolicellawein ist der perfekte Begleiter!

2 küchenfertige Entenbrüste, je 250 g
2 Chicorée
100 ml Recioto della Valpolicella (roter Süßwein)
50 g Akazienhonig
1 TL grobes Meersalz
frisch gemahlener Pfeffer
je 1 Msp. Zimt und Piment
3 zerdrückte Wacholderbeeren
1 TL gemahlener Ingwer
abgeriebene Schale ½ unbehandelten Orange
frisch geriebene Muskatnuss
30 g Butter, Salz
Saft und Schale ½ unbehandelten Orange

Die Haut der Entenbrüste mit einem scharfen Messer kreuzweise einschneiden. Die Chicoréekolben vierteln.

Recioto di Valpolicella zum Kochen bringen, den Honig hinzufügen und in etwa 15 Minuten sirupartig einkochen lassen.

Meersalz, Pfeffer und die angegebenen Gewürze trocken in einer beschichteten Pfanne erhitzen. Von der Kochplatte nehmen, die Entenbrüste mit der mageren Fleischseite hineinlegen und in den erwärmten Gewürzen wenden.

Die Pfanne erneut erhitzen und die Entenbrüste auf der Hautseite etwa 3 Minuten anbraten, die Hitze reduzieren und unter Wenden im eigenen Fett etwa 8 Minuten braten. Von der Kochstelle nehmen und noch etwa 5 Minuten im 100 °C warmen Backofen ruhen lassen.

Butter in der Pfanne aufschäumen lassen und die Gemüseblätter hineingeben, salzen und 2 EL Orangensaft und -schale darüber verteilen. Unter Schwenken erhitzen, salzen und auf vier Teller verteilen.

Die Entenbrüste in schräge Scheiben schneiden und darauf anrichten. Mit der eingekochten Recioto-Honig-Sauce beträufeln.

TIPP

Im Valpolicella nimmt man anstelle von Chicorée Catalogna, ein wildes Zichoriegemüse, mit langen schmalen Blättern, das im Veneto wächst und das man bei uns kaum kennt, geschweige denn erhält. Ich habe es zumindest noch nicht entdeckt. Mit Chicorée schmeckt es aber auch köstlich.

PETTI DI QUAGLIA IN SALSA DI MELOGRANO

WACHTELBRÜSTCHEN IN GRANATAPFELSAUCE

Wachtelgerichte findet man vor allem in der gehobenen Gastronomie am Gardasee. Das pikant-fruchtige Aroma des Granatapfels passt super zu dem aromatischen Fleisch der Wachteln. Granatäpfel gedeihen auch am Gardasee, insbesondere in der Lombardia. Im Dezember hängen die leuchtend roten Kugeln erntereif an den Bäumen, ein wirklich schöner Anblick!
Für diejenigen, die nicht so gerne Knochen abnagen, sind die ausgelösten Brüstchen ideal. Bereitet man das Rezept mit ganzen Wachteln zu, muss man die Garzeit um etwa 15 Minuten erhöhen.

Salz, frisch gemahlener Pfeffer
3 zerdrückte Wacholderbeeren
1 TL fein gehackte Thymianblätter
2 streifig geschnittene Salbeiblätter
abgeriebene Schale von ½ unbehandelten Orange
12 ausgelöste Wachtelbrüstchen
4 EL Gardasee-Olivenöl
2 Granatäpfel
8 cl Marsala
20 g kalte Butter

Die Mischung aus Salz, Pfeffer, Wacholderbeeren, Thymian, Salbei und Orangenschale in einer Pfanne trocken einige Minuten bei nicht zu starker Hitze erwärmen. Anschließend die Wachtelbrüstchen damit einreiben.

Olivenöl in einer beschichteten Pfanne erhitzen und die Wachtelbrüstchen darin auf allen Seiten scharf anbraten. Dann die Hitze reduzieren und 2 bis 3 Minuten weitergaren.

Die Granatäpfel halbieren und mithilfe einer Saftpresse den Saft von 1 ½ Früchten auspressen. Von der restlichen Hälfte die Körner vorsichtig herauslösen.

Den Granatapfelsaft mit dem Marsala über den Wachtelbrüstchen verteilen, einkochen lassen und das Fleisch mit dem Sud glasieren. Granatapfelkerne darüberstreuen und kurz erhitzen.

TIPP

Es sieht nicht nur gut aus, es schmeckt auch sehr fein, wenn man die glasierten Wachtelbrüstchen auf einem cremigen Risotto anrichtet.
Vorsichtig beim Entkernen der Granatäpfel, der Fruchtsaft hinterlässt Flecken, die kaum zu entfernen sind.

WEINEMPFEHLUNG

Ein fruchtig-würziger Bardolino Superiore, wie ihn Gianni Piccoli und seine drei Söhne produzieren, hält der Fruchtigkeit dieses Gerichts stand, ohne zu dominant zu sein. Ein Bardolino mit einer großartigen Übereinstimmung von Fruchtigkeit, Lebendigkeit und Dichte, dennoch mit der angenehmen Leichtigkeit, die man von einem Bardolino erwartet.

WEINEMPFEHLUNG

Mir schmeckt dazu ein gut gekühlter Chiaretto vom Weingut Costaripa. Mattia Vezzola, der geschätzte Önologe von Bellavista, setzt bei seinem privaten Weingut voll und ganz auf Rosé, weil er davon überzeugt ist, dass seine Weinlagen für diese Reben am allerbesten geeignet sind.

CONIGLIO CON PEPERONI GIALLI E CAPPERI

KANINCHEN MIT GELBEN PAPRIKA UND KAPERN

Kaninchengerichte gibt es in allen italienischen Regionen, wenn auch immer ein wenig anders zubereitet. In der Lombardia würzt man das magere, zarte Fleisch gerne mit Kapern, die dort wild aus den Steinmauern wachsen.

FÜR DIE FÜLLUNG

1 küchenfertiges Kaninchen von etwa 2 kg in kleine Stücke zerteilt
Salz, frisch gemahlener Pfeffer
2 EL griffiges Mehl
5 EL Gardasee-Olivenöl
3 gelbe Paprikaschoten
1 weiße Zwiebel
2 Knoblauchzehen
2 Sardellenfilets
200 ml Weißwein
200 ml Hühnerbrühe
3 EL Kapern
½ Bund glatte Petersilie, gehackt

Die Kaninchenteile mit Salz und Pfeffer würzen und rundherum mit Mehl bestäuben.

Olivenöl in einem großen Schmortopf erhitzen und die Kaninchenteile nach und nach rundherum goldbraun anbraten.

Die Paprikaschoten waschen, halbieren und die Samenkerne entfernen. Die Hälften in nicht zu kleine Würfel schneiden. Zwiebel und Knoblauch schälen und in kleine Würfel schneiden. Sardellen fein hacken.

Alles zu den Kaninchenteilen geben. Kurz mit anschwitzen, dann mit Wein ablöschen und mit Hühnerbrühe aufgießen. Einmal aufkochen lassen, dann die Hitze reduzieren und zugedeckt in etwa 30 bis 40 Minuten gar schmoren. Falls nötig noch etwas Brühe hinzufügen.

Kurz vor Ende der Garzeit die Kapern und die Hälfte der Petersilie hinzufügen.

Die Kaninchenstücke auf einer Platte anrichten. Die Paprika-Kapern-Sauce falls nötig noch sämig einkochen lassen, die restliche Petersilie hinzufügen und die Fleischstücke damit überziehen.

TIPP

Im Sommer serviere ich das leicht bekömmliche Gericht am liebsten lauwarm mit knusprigem Weißbrot.

FILETTO DI MAIALE
CON UVA MOSCATA E GORGONZOLA

SCHWEINEFILET MIT MUSKATELLER-TRAUBEN UND GORGONZOLA

Mir kam die Idee für das Rezept, als mir ein Freund seine erste reife Traube der bald beginnenden Erntesaison mitbrachte! Sie schmeckte so aromatisch und so fein, und da wir auch Hunger hatten, kreierte ich rasch das nachfolgende Gericht. Es ist ganz einfach zuzubereiten, wichtig ist nur eine optimale Qualität der verwendeten Produkte. Also: vollreife, aromatische kleine Trauben, ein optimal gereifter Gorgonzola und natürlich hochwertiges Schweinefleisch.

1 Schweinefilet von ca. 400 g
Salz, frisch gemahlener Pfeffer
1 kleine, vollreife Muskateller-Traube
200 g Gorgonzola
4 EL Olivenöl
4 EL Marsalawein
4 EL Fleischbrühe
20 g Butter

Das Schweinefilet von anhaftender Haut und Sehnen befreien. In etwa 2 ½ cm dicke Scheiben schneiden und mit Salz und Pfeffer würzen. Eine Seite mit 4 bis 5 Muskatellertrauben belegen, dabei die Trauben leicht in das Fleisch drücken. Den Käse in passend große Stücke schneiden und die Trauben damit belegen.

Das Olivenöl in einer beschichteten Pfanne erhitzen und die belegten Fleischscheiben vorsichtig nebeneinander hineinsetzen. Kurz anbraten, dann die Hitze reduzieren und zugedeckt in etwa 3 bis 4 Minuten garen lassen. Das Fleisch sollte innen noch rosa sein und der Käse geschmolzen.

Die Fleischscheiben mit einer Backschaufel vorsichtig auf eine Platte setzen. Den Bratenfond mit Marsala und Brühe aufgießen, etwas einkochen lassen und mit der kalten Butter in kleinen Flöckchen binden.

TIPP

Wenn Sie Tafeltrauben verwenden, empfiehlt es sich, diese vorher zu häuten, da die etwas festere Schale den Genuss stören würde. Muskatellertrauben hingegen haben eine zarte Schale, die man gut mitessen kann.

WEINEMPFEHLUNG

Dazu passt ein kräftiger Weißwein mit einer molligen Fruchtigkeit, wie z. B. der Molceo, ein Lugana der Superklasse vom Weingut Ottella in San Benedetto, inmitten der Lugana DOC, noch im venetianischen Teil gelegen.

FEGATO DI VITELLO ALLA VENEZIANA

KALBSLEBER VENEZIANISCH

Diesen köstlichen Klassiker der Venetoküche genießt man von Venedig bis Verona am liebsten mit einer cremigen Polenta. Uns Nordlichtern schmeckt meist ein lockeres Kartoffelpüree besser dazu. Aber wie auch immer – es ist ein Hochgenuss!

600 g Kalbsleber
400 g weiße Zwiebeln
4 EL Olivenöl
3 frische Lorbeerblätter
100 ml Kalbsfond
1 EL Aceto balsamico
Salz
frisch gemahlener schwarzer Pfeffer
⅛ l trockener Weißwein
30 g Butter
2 EL gehackte Petersilie

Die Leber vorsichtig enthäuten und in dünne Scheiben schneiden. Die Zwiebeln schälen und ebenfalls in Scheiben schneiden.

Olivenöl in einer großen beschichteten Pfanne erhitzen und die Zwiebelscheiben darin bei schwacher Hitze mit den Lorbeerblättern mindestens 20 Minuten glasig braten, dabei gelegentlich mit etwa der Hälfte des Kalbsfonds begießen. Zum Schluss den Aceto balsamico hinzugeben und mit Salz und Pfeffer würzen.

Die Hitze erhöhen, die Leberscheibchen zu den Zwiebeln geben und unter Wenden 3 bis 4 Minuten anbraten. Mit Weißwein und restlichem Kalbsfond ablöschen und sämig einkochen lassen.

Mit der Butter in kleinen Flöckchen binden und die Petersilie untermischen. Sofort servieren.

TIPP

Wichtig ist, dass man die Leber nicht zu lange und bei zu starker Hitze gart, sonst wird sie nämlich trocken und das köstliche Gericht verliert seinen unwiderstehlichen Charme.

WEINEMPFEHLUNG

Der leicht süßliche Geschmack von Zwiebel und Leber vereint sich großartig mit einem saftigen Roséwein mit nicht zu intensiver Säure oder einem fruchtigen Rotwein, z. B. einem Merlot.

ZARA

FLEISCH

Offene Feuerstellen gibt es in vielen Ristoranti und Trattorie entlang des Sees, aber kaum eine mit einer derart vielfältigen Auswahl an Fleisch unterschiedlichster Rinderrassen.

DAS FLEISCHPARADIES

LOHNESWERTES ZIEL – AUSSER FÜR VEGETARIER

Signor Pasini, dessen Kellerei ich mir anschaute, lud mich zum Mittagessen ein, und er schlug das »Fior di Loto« vor. »Aber nur, wenn Sie gerne Fleisch essen«, fügte er fragend hinzu. »Liebend gerne«, antwortete ich. Das Ristorante liegt in die Nähe des Dorfes Puegnago, dort, wo die Sandwege beginnen, und man aufpassen muss, keinen Radler zu überfahren.
Es war sommerlich heiß und da ich ja mittlerweile schon italianisiert bin, zog ich es, wie mein Begleiter vor, drinnen zu essen.
Es war einer der typischen Speisesäle, die man in ganz Italien antrifft – aber dann, ich traute meinen Augen kaum: vor einem riesigen Holzkohlengrill eine riesige Fleischtheke – wie in einer Metzgerei. Nur, und das ist das Faszinierende, hier liegen vorwiegend Rinderkoteletts aus aller Herren Länder und unterschiedlichster Rassen. Ich schätzte mal gut über zehn verschiedene dunkelrote, mit glänzendem, gelblichweißem Fett umrandete oder damit fein marmorierte Fleischstücke. Mein Entdeckerherz begann zu pochen …

FLEISCHFREAK AMEDEO

Der Küchenchef und Herr über alle Fleischsorten im »Fior di Loto« heißt Amedeo und arbeitet seit über 13 Jahren für und mit den beiden Besitzerinnen Pasqua und deren Tochter Roberta. Auf der Suche, sich ein wenig von den vielen anderen Ristorante mit Fleisch vom Grill abzuheben, die es rund um den See zuhauf gibt, kam er auf die Idee, sich mal mit den unterschiedlichen Rinderrassen und mit deren Fleischqualität näher zu beschäftigen. Und das, was Amedeo sich im Laufe der Zeit an Wissen angeeignet hat, gibt er gerne an seine Gäste weiter. Bereitwillig erklärt er die geschmacklichen Unterschiede der diversen Rinderrassen. Wie sich zum Beispiel die heimischen Rinderrassen Scottona Nostrana, Podolica IGP oder Incrocio Chianino von den ausländischen Rassen wie Angus Aberdeen, Black Angus aus Australien oder dem amerikanischen Black Angus unterscheiden. Keine Lust auf Rind, dann hat der

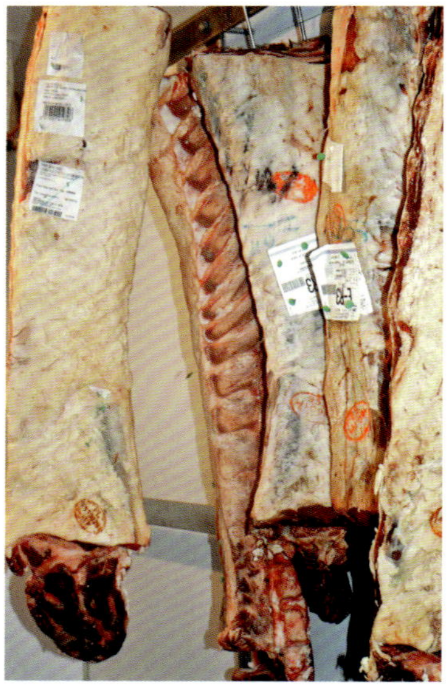

sympathische Fleischkenner auch feinste Lammkoteletts aus Pauillac, Bisonfleisch und das aromtische Fleisch der berühmten Pata-Negra-Schweine im Angebot. Wer auf den Cholesterinspiegel achten muss, der bestellt sich ein Büffelkotelett – mager, cholesterinfrei und reich an Eisen. Amedeo hat fast alles, was man weit und breit an hochwertigem Fleisch auftreiben kann.

RASSE, GESCHLECHT UND REIFEZEIT

Das sind die entscheidenden Faktoren für beste Fleischqualität. In Italien gibt es einen Verband der Rinderrassen, die neben den fünf verschiedenen Rassen, die es derzeit in Italien gibt, auch kontrollieren, ob die Tiere richtig gepflegt werden.
Das beste Fleisch liefern, mit wenigen Ausnahmen, die weiblichen Rinder, weshalb Amedeo von seinen Chefinnen oft auch »Frauenhasser« genannt wird, weil bevorzugt die weiblichen Rinder dem Schafott zum Opfer fallen.
Zu guter Letzt ist natürlich die Reifezeit enorm wichtig für ein zartes Stück Fleisch auf dem Teller. »Das Fleisch italienischer Rassen lasse ich mindestens 45 Tage abhängen, bevor ich es für meine Gäste auf das stets bereite Grillfeuer lege«, erklärt Amedeo, und fügt hinzu: »Bei den diversen Angusrindern reicht oftmals eine Reifezeit von 15 Tagen.« Bei der Reifezeit verliert das Fleisch natürlich an Gewicht, und das ist ein wesentlicher Kostenfaktor, aber das sind die Gäste, die hierherkommen, gerne bereit zu zahlen, denn: Das, was Amedeo am offenen Feuer grillt, ist zum Niederknien.

WEINEMPFEHLUNG

Zur Kalbshaxe, einem Festtagsbraten im Trentino, trinkt man natürlich auch den König der Rotweine des Trentino, einen Teroldego, am besten einen Granato, von der »Queen of Teroldego« Elisabetta Foradori!

KALBSHAXE IM OFEN GEBRATEN

Ein wenig erinnert mich dieses Rezept an meine bayerische Heimat. Auch meine Mutter erfreute uns an Sonntagen gerne mit einer saftigen Kalbshaxe aus dem Ofen. Der einzige Unterschied – bei uns gabs duftig lockeres Kartoffelpüree dazu und feines Karottengemüse! Zugegeben, mir schmeckt selbst nach vielen Jahren in Norditalien, dem Polenta-Land, Kartoffelpüree besser dazu. Aber das sind eben die kulinarischen Gewohnheiten von Kindesbeinen an. Aber ob mit Kartoffelpüree oder mit Polenta – es ist immer ein Festagsschmaus.

1 hintere Kalbshaxe (1,6 kg)
Salz, frisch gemahlener Pfeffer
2 weiße Zwiebeln
2 Knoblauchzehen
2 Möhren
2 Selleriestangen
200 g Cocktailtomaten
4 EL Olivenöl
¼ l trockener Weißwein
½ l Fleischbrühe
2 Zweige Thymian
1 Lorbeerblatt
1 Stückchen unbehandelte Zitronenschale
40 g Butter

Die Kalbshaxe waschen, trocken tupfen und mit Salz und Pfeffer einreiben. Den Backofen auf 160 °C vorheizen. Zwiebeln und Möhre schälen. Die Zwiebeln halbieren und längs in schmale Spalten schneiden. Die Möhren wie die Selleriestangen in dicke schräge Scheiben schneiden. Die Tomaten waschen.

Olivenöl in einer Kasserolle erhitzen und die Haxe rundherum goldbraun anbraten. Mit Wein ablöschen und zugedeckt 30 Minuten im heißen Backofen garen.

Das vorbereitete Gemüse dazugeben, mit der Hälfte der Brühe begießen und Thymian, Lorbeerblatt und Zitronenschale hinzufügen. Zugedeckt weitere 1 ½ Stunden garen, dabei gelegentlich mit der restlichen Brühe begießen.

Die Haxe herausnehmen und mit Alufolie umhüllt warm halten.

Das Gemüse mit einem Seihlöffel herausnehmen, lediglich einige Gemüsestücke im Bratenfond belassen. Den Bratenfond mit den zurückgelassenen Gemüsestücken und den Kräutern durch ein Sieb in eine Sauteuse passieren und sämig einkochen lassen. Anschließend mit der kalten Butter in kleinen Flöckchen binden.

Das Fleisch vom Knochen lösen und in Scheiben schneiden. Mit dem Gemüse umkränzen, mit der Sauce begießen und mit Polenta servieren.

TIPP

Die Zubereitung einer echten Polenta ist zeitaufwendig und erfordert ständiges Rühren. Heute gibt es, auch in Italien, Instant-Polenta bei der man sich das mühevolle Rühren erspart.

WEINEMPFEHLUNG

Ein würziger Rotwein, z. B. ein Groppello vom Weingut Costaripa. Der komplexe, fleischige und dennoch elegante Groppello Maim ist das Tüpfelchen auf dem »i« zu diesem leckeren Lammgericht.

AGNELLO IN CROSTA DI ROSMARINO CON PEPERONI

LAMMKOTELETTS IN ROSMARINKRUSTE AUF PAPRIKAGEMÜSE

Es ist irgendwie eigenartig, dass man dort, wo Kräuter in einer Üppigkeit gedeihen, die uns Nordlichter vor Neid erblassen lässt, sie in der Küche äußerst sparsam verwendet. Auf meiner Terrasse habe ich einen Rosmarinstrauch, den ich von Jahr zu Jahr bändigen muss, und die aromatischen Nadeln, auch wenn ich noch so viel koche, niemals verwenden kann. Lamm und Rosmarin harmonieren perfekt, das schätzt man auch rund um den Lago, aber meist werden die Koteletts lediglich gegrillt mit einem frischen Rosmarinzweig serviert. Versuchen Sie doch mal diese Version …

FÜR DIE KOTELETTS

16 Lammkoteletts à 50 g
Salz, frisch gemahlener Pfeffer
etwa 50 g Mehl
3 EL fein gehackte Rosmarinnadeln
3 fein geriebene Knoblauchzehen
2 Eier
ca. 100 g frisch geriebenes Weißbrot
8 EL Gardasee-Olivenöl

FÜR DAS PAPRIKAGEMÜSE

2 rote und 2 gelbe Paprikaschoten
1 mittelgroße weiße Zwiebel
2 Knoblauchzehen
3 EL Gardasee-Olivenöl
½ TL abgezupfte Thymianblätter
Salz, frisch gemahlener Pfeffer
1 EL gereifter Aceto balsamico
150 ml trockener Weißwein
1 EL grob gehackte Petersilie

Von den Lammkoteletts das Fleisch ein wenig vom Knochen lösen und den Fettrand ein wenig einschneiden. Mit Salz und Pfeffer würzen.

Das Mehl mit den gehackten Rosmarinnadeln vermischen. Die Eier in einem tiefen Teller verquirlen und den Knoblauch hinzufügen. In einem dritten Teller die Weißbrotbrösel bereitstellen. Die Koteletts zuerst in Mehl, dann in den Eiern und zum Schluss in den Weißbrotbröseln wenden.

Das Olivenöl in einer großen, beschichteten Pfanne erhitzen und die Koteletts darin bei mittlerer Hitze auf jeder Seite 4 bis 5 Minuten braten. Auf Küchenpapier abtropfen und kurz ruhen lassen.

Für das Paprikagemüse die Schoten halbieren, die Samenkerne entfernen und die Hälften in Rauten schneiden. Die Zwiebel schälen, längs halbieren und in schmale Spalten schneiden. Die Knoblauchzehe schälen und in feine Scheiben schneiden.

Olivenöl erhitzen und das vorbereitete Gemüse darin bei mittlerer Hitze anbraten. Thymian hinzufügen, mit Salz und Pfeffer würzen und mit Aceto und Weißwein ablöschen. Zugedeckt in etwa 15 Minuten garen und zum Schluss die Petersilie untermischen.

TIPP

Anstelle von Rosmarin kann man auch frisch gehackte Thymianblätter unter das Mehl mischen.

WEINEMPFEHLUNG

In und um Verona trinkt man dazu einen fruchtig-aromatischen Valpolicella Classico, in der Gegend um Mantova einen sanft prickelnden frisch-lebendigen Lambrusco, der wohltuend beim Verdauen hilft!

BOLLITO MISTO MIT BROT-MARK UND GRÜNER SAUCE

Es ist »das« Sonntagsessen in und um Verona und nur hier genießt man das opulente Fleischmahl mit der *pearà* – der, für Nicht-Veroneser gewöhnungsbedürftigen, bräunlichen Brot-Mark-Sauce. Es fasziniert mich jedes Mal, wenn im Ristorante »**Cavour**« in Dossobuono, nahe dem Flughafen von Verona, der mit dampfenden Fleischbergen beladene *carrello* (Wagen) in das Restaurant geschoben wird. Dann kommt die Qual der Wahl: Für welches der Fleischstücke entscheide ich mich oder schaffe ich von allem etwas? Das »Cavour« ist sicherlich Nr. 1 in Verona, wenn es um Bollito misto geht und diesen Klassiker gibt es dort Tag für Tag, auch im Sommer!

ZUTATEN FÜR 8 PERSONEN

4 Kalbsknochen
3 EL Salz
1 EL Pfefferkörner
2 frische Lorbeerblätter
5–6 l Wasser
1 mittelgroße Rinderzunge
600 g Rinderschulter
600 g Kalbsschulter
1 fleischiges Hähnchen (mind. 1, 2 kg)
1 Zampone (gefüllter Schweinefuß)
2 Bund Suppengrün
1 Zitrone

FÜR DIE PEARÀ

250 g frisch geriebene Semmelbrösel
1 ¼ kräftige Fleischbrühe
Mark von zwei Rinderknochen
Salz, frisch gemahlener Pfeffer

FÜR DIE SALSA VERDE

250 g glatte Petersilie
3 Sardellenfilets
100 g Kapern
⅛ l Gardasee-Olivenöl
frisch gepresster Zitronensaft nach Geschmack

AUSSERDEM

1 frische Meerrettichstange oder Meerrettich aus dem Glas

Die gewaschenen Kalbsknochen in einen großen, weiten Kochtopf geben und mit Wasser begießen. Salz, Pfefferkörner und Lorbeerblätter hinzufügen und zum Kochen bringen. Die Rinderzunge und das Rindfleisch hinzugeben und bei sanfter Hitze etwa 1 Stunde köcheln lassen. Kalbsschulter, Hähnchen, Zampone sowie das grob geschnittene Suppengrün dazugeben und gut eine weitere Stunde bei schwacher Hitze simmern lassen. Die Rinderzunge herausnehmen, kalt abbrausen, häuten und erneut in die Brühe geben.

Die Zitrone hauchdünn schälen und die Schale in die Brühe geben. Dann die Kochplatte ausschalten und das Fleisch noch mindestens 15 bis 30 Minuten ruhen lassen.

Die »pearà« bereits am Vortag zubereiten. Dafür Semmelbrösel in einen Topf geben und unter Rühren die heiße Fleischbrühe dazugießen. Das Mark in kleine Stücke schneiden und unter Rühren darin auflösen lassen. Mit Salz und reichlich Pfeffer würzen und unter gelegentlichem Umrühren 4 bis 5 Stunden bei sanfter Hitze köcheln lassen, dabei nicht den Topfboden berühren.

Für die »salsa verde« die Blätter der Petersilienstängel abzupfen und mit den Sardellenfilets und den Kapern im Mixer nicht zu fein pürieren, dabei das Olivenöl hinzufügen. Zum Schluss mit Zitronensaft und falls nötig mit Salz abschmecken.

Gegartes Fleisch auf ein großes Holzbrett mit Saftrinne legen. Die Saucen, Meerrettich und eventuell eine würzige Mostarda in Schälchen auf den Tisch stellen. Das Fleisch in Scheiben schneiden und dann genussvoll verspeisen.

TIPP

Nach einer alten Veroneser Tradition isst man an Maria Himmelfahrt (15. August) – ein großer Festtag in Italien – Bollito misto! Wie schön, dass das »Cavour« über eine gut funktionierende Klimaanlage verfügt! Übrigens, das Rezept ist eine stark abgespeckte Variante!

CARNE DI MANZO
ALL'OLIO D'OLIVA – LOMBARDIA

RINDFLEISCH MIT GEMÜSE IN OLIVENÖL GESCHMORT

Eigentlich wollte ich den Hauptgang überspringen, aber wie so oft hatte ich keine Chance! Charmant erklärten mir die Herren, mit denen ich eine Besprechung hatte: Das müssen Sie probieren – das gibt's es eigentlich in keinem Ristorante, das kochen nur unsere Ehefrauen zu Hause! Diesem Argument konnte ich natürlich nicht widerstehen, und so lernte ich dieses sensationelle Fleischgericht kennen. Ich habe es nicht bereut, diesen *secondo* verspeist zu haben, und ich rate Ihnen: Kochen Sie ihn nach – denn Sie finden ihn leider kaum auf den Speisekarten rund um den Lago, außer im Ristorante des aparten Agriturismo **»Fenil Conter«** in San Martino della Battaglia.

1,6 kg Rindfleisch, z. B. Nuss oder Kugel
Salz, frisch gemahlener Pfeffer
3 Knoblauchzehen
1 kleine Sellerieknolle
2 Karotten
1 Lauchstange
1 kleiner Zucchino
2 Tomaten
200 ml Gardasee-Olivenöl
2 Rosmarinzweige
2 Thymianzweige
1 l Fleischbrühe
3 EL Kapern
6 eingelegte Sardellen
4 EL gehackte Petersilie

Das Rindfleisch mit Salz und Pfeffer einreiben. Knoblauch, Karotten und Knollensellerie schälen, Lauchstange putzen und wie den Zucchino und die Tomaten waschen. Alles in grobe Würfel schneiden.

4 EL Olivenöl in einem Bräter, in dem das Fleischstück gerade gut Platz hat, erhitzen und rundherum anbraten. Rosmarin, Thymian und das vorbereitete Gemüse dazugeben und kurz anbraten. Mit Brühe und restlichem Olivenöl aufgießen und zugedeckt bei sehr schwacher Hitze 2 ½ Stunden schmoren.

Das Fleisch herausnehmen. Das Gemüse mitsamt Bratenfond, Kapern, Sardellen und 2 EL gehackte Petersilie im Mixer cremig pürieren.

Das Fleisch zurück in den Bratentopf geben, mit der Sauce begießen und erneut bei sehr schwacher Hitze eine weitere Stunde schmoren. Falls nötig noch ein wenig Brühe hinzufügen.

Das Fleisch in dicke Scheiben schneiden, mit der cremigen Sauce überziehen und mit Salzkartoffeln servieren.

TIPP
Zu diesem Traditionsgericht des lombardischen Hinterlandes des Gardasees, isst man – selbst in Italien – am liebsten Salzkartoffeln.
Man kann den Schmorbraten auch im Backofen zubereiten. Bei 140 °C geschieht auch nichts, auch wenn das Fleisch länger als die angegebenen Garzeit im Ofen ist.

WEINEMPFEHLUNG

Dazu passt ein würziger Groppello, aber im »Fenil Conter« gibt es den hauseigenen Merlot, der Kundalin heißt und »perfetto« zu der cremig-aromatischen Sauce passt. Zum »Fenil Conter« und dem Weingut gehört auch der Ajurveda- und Wellness-Agriturismo »Le Preseglie«, alles familiär geführt! www.agriturismolepreseglie.com

214

FILETTO DI CERVO AL TEROLDEGO CON MARMELLATA DI MIRTILLI

HIRSCHMEDAILLONS MIT TEROLDEGO-SAUCE UND HEIDELBEERKONFITÜRE

Das wunderschön über Trento gelegene Hotel »**Villa Madruzzo**« ist bekannt für köstliche Wildgerichte. Für dieses Buch hat sich *lo chef* dieses köstliche Gerichte einfallen lassen, zur Abwechslung mal nicht, wie so oft üblich, mit Waldpilzen. Die man aber natürlich dazu reichen kann …

8 Hirschfilets von je 90 g
Salz, frisch gemahlener Pfeffer
4 EL Gardasee-Olivenöl
200 ml Teroldego (typischer Rotwein aus dem Trentino)
200 ml Wildfond aus dem Glas
je 2 Rosmarin- und Thymianzweige
80 g Heidelbeer-Konfitüre
100 g frische Heidelbeeren

Die Hirschfilets salzen und pfeffern. Olivenöl erhitzen und die Medaillons auf beiden Seiten bei starker Hitze scharf anbraten. Mit dem Rotwein aufgießen, kurz aufkochen lassen, dann das Fleisch herausnehmen und mit Alufolie umhüllen.

Den Hirschfond und die Kräuter hinzufügen und bei starker Hitze um die Hälfte reduzieren. Die Heidelbeerkonfitüre unterrühren und erneut sämig einkochen lassen. Die Hirschmedaillons mit dem sich gebildeten Fleischsaft in die Sauce geben und 2 bis 3 Minuten miteinander erhitzen.

Die Medaillons auf vorgewärmten Tellern anrichten, mit der Sauce überziehen und mit frischen Heidelbeeren garnieren. Dazu serviert man im Trentino eine Polenta di Storo (aus grobem Polentamehl).

TIPP

Eine pikantere Note erhält das edle Wildgericht, wenn man die Heidelbeerkonfitüre durch Preiselbeeren ersetzt.

WEINEMPFEHLUNG

Nichts anderes als einen Teroldego empfiehlt man in der »Villa Madruzzo« zu den Hirschmedaillons. Da diese Rebsorte ausschließlich in der Rotaliano-Ebene gedeiht, sind es wenige Winzer die beständig einen herausragenden Teroldego keltern, eine davon ist sicherlich, neben Elisabetta Foridori, die »Cantina Rotaliana«. Ihr Teroldego Rotaliano Clesurae ist kraftvoll mit ausgeprägten Charakter! »Der« Partner zu diesem edlen Wildgericht.

CAPRETTO AL FORNO

ZICKLEINBRATEN

Insbesondere zu Ostern, aber auch bis hinein in den Frühsommer steht *capretto* auf vielen Speisekarten rund um den See. Meist werden die jungen Zicklein in Portionsstücke geteilt und im Ofen langsam und lange im eigenen Saft gegart. Sauce ist in Italien nämlich Fehlanzeige und leider ist manchmal das Fleisch viel zu lang der Hitze ausgesetzt. Wer, wie ich, saftiges Fleisch mag, der sollte es bei schonender Temperatur und keinesfalls zu lange schmoren.

2 Zickleinkeulen von je 600 g
Salz, frisch gemahlener Pfeffer
8 EL Gardasee-Olivenöl
ca. 20 frische Knoblauchzehen, geschält
3 Thymianzweige
2 Rosmarinzweige
⅛ l trockener Weißwein
¼ l Hühnerbrühe
50 g Butter

Zickleinkeulen mit Salz und Pfeffer einreiben. Backofen auf 160 °C vorheizen.

Olivenöl in einem Schmortopf erhitzen und die Keulen darin rundherum goldbraun anbraten. Die Knoblauchzehen und die Kräuterzweige dazugeben, kurz mit anbraten und mit Wein und Brühe begießen. Zugedeckt in den heißen Backofen stellen und etwa 60 Minuten garen lassen. Dabei gelegentlich mit dem Bratensaft begießen.

Das Fleisch herausnehmen und mit Alufolie umhüllt warm halten. Den Bratenfond mit den Knoblauchzehen und den Kräutern durch ein Sieb passieren. Anschließend kurz aufkochen lassen und die Butter in kleinen Flöckchen mit einem Schneebesen unterschlagen.

Das Fleisch von den Knochen lösen, in Scheiben schneiden und mit Sauce überziehen. Mit cremiger Polenta, Kartoffelpüree oder einfach nur Weißbrot genießen.

TIPP

Auf die gleiche Weise kann man auch eine Lammschulter oder -keule zubereiten, die Garzeit verlängert sich dann um mindestens 30 Minuten.

WEINEMPFEHLUNG

Zum zarten Zickleinfleisch trinke ich gerne einen vollmundigen Lugana Superiore von der Tenuata Roveglia, da dieser Wein mit seinen finessenreichen Aromen von weißen Früchten und Blüten sowie seiner beeindruckenden Mineralik hervorragend das wohlschmeckende Zickleinfleisch begleitet.

LUCCIO ALLA GARDESANA

HECHT AUF GARDASEEART

Das ist zwar ein traditionelles Gericht hier am Gardasee, aber man bekommt Hecht fast immer nur in filetierter Form. Das liegt zum einen daran, dass die Hechte hier eine stattliche Größe erreichen und somit ein Hecht für 6 bis 8 Personen reichen würde, zum anderen aber auch weil die kleineren Portionshechte sehr viele Gräten haben und das wiederum den Genuss stören würde. Dennoch hier das Rezept und ich schlage Ihnen vor: nehmen Sie einen Zander, dann entfällt das Grätenproblem. Sie können natürlich auch auf die einfachere Version mit den Filets zurückgreifen und die leckere Sauce dazu servieren.

FÜR 6 PERSONEN

1 küchenfertiger Hecht (1,4 kg)
Salz
2 Selleriestangen
2 Karotten
1 kleine Lauchstange
½ l trockener Weißwein
2 Lorbeerblätter
einige Pfefferkörner
1 Stückchen unbehandelte Orangenschale
2 Petersilienstängel

FÜR DIE SAUCE

2 Knoblauchzehen
1 große Zwiebel
300 ml Gardasee-Olivenöl
6 Sardellen
20 g Kapern
1 Bund glatte Petersilie
1 Fleischtomate

Den Hecht waschen und mit Salz einreiben.

Selleriestangen, Karotten und Lauchstange waschen, putzen und in mundgerechte Stücke schneiden. In eine längliche Kasserolle geben und mit dem Wein und 1 l Wasser begießen. Die Aromaten hinzufügen und zum Kochen bringen. 20 Minuten bei schwacher Hitze köcheln lassen, dann den Fisch auf das Gemüse legen und zugedeckt bei schwacher Hitze in etwa 30 Minuten gar ziehen lassen.

In der Zwischenzeit für die Sauce Knoblauchzehen und Zwiebel schälen, in kleine Würfel schneiden und in Olivenöl bei schwacher Hitze weich und goldgelb dünsten. Nach und nach die klein gehackten Sardellen und Kapern hinzufügen. Sobald alles zu einer cremigen Sauce verkocht ist, die Pfanne von der Kochplatte nehmen und die gehackte Petersilie und die in kleine Würfel geschnittene Tomate untermischen.

Den Fisch vorsichtig aus dem Sud heben. Häuten und auf einer länglichen Platte anrichten. Mit dem Gemüse des Fischfonds umkränzen und mit einem Teil der würzigen Ölsauce begießen. Den Rest getrennt dazu reichen.

TIPP

Am Gardasee genießt man dieses beliebte Fischgericht mit einer cremigen Polenta, natürlich passen aber auch Salzkartoffeln.

WEINEMPFEHLUNG

Und worin schwimmt ein Hecht vom Gardasee am liebsten? Naturalmente in einem saftigen Lugana, »der« Wein zu den Fischen des Sees.

Persico con salsa di limone

BARSCHFILET IN ZITRONENSAUCE

Die Zitronen vom Gardasee, die hier *limoni* heißen, schmecken sehr mild und sind daher bestens auch zum Kochen geeignet. Entlang der Westküste, also von Salò bis Limone sul Garda, sieht man noch die Reste der beeindruckenden *limonaias*, so heißen die Zitronenhaine an den Hängen der lombardischen Küste. Anfang des 20. Jahrhunderts war die Zitronenzucht am lombardischen Ufer des Lago di Garda eine wichtige wirtschaftliche Einnahmequelle. Die Qualität der Gardasee-*limoni* war in allen Königshöfen und bei Genießern Europas hoch geschätzt. Schnelle und kostengünstige Transportmöglichkeiten aus Süditalien und Spanien machten die Zitronenproduktion am See unrentabel. Aber *limoni* gedeihen hier nach wie vor und spielen in der Küche der Lombardia eine große Rolle.

8 küchenfertige Persicofilets, (Barschfilets) von je ca. 130 g
2 große, mehligkochende Kartoffeln
6 EL Gardasee-Olivenöl
Salz, frisch gemahlener weißer Pfeffer
1 mildsäuerliche, unbehandelte Zitrone
200 ml Fischsud
6 Thymianzweige
40 g eiskalte Butter

Fischfilets waschen und trocken tupfen. Kartoffeln schälen und auf dem Gurkenhobel in dünne Scheiben hobeln. In kochendem Salzwasser 3 bis 4 Minuten bissfest kochen, dann auf einem Sieb gut abtropfen lassen. Den Backofen auf 180 °C vorheizen.

Eine große feuerfeste Form mit 2 EL Olivenöl ausfetten und mit der Hälfte der abgetropften Kartoffelscheiben auslegen. Die Fischfilets darauf anrichten, salzen und pfeffern. Mit 2 EL Olivenöl beträufeln, mit den restlichen Kartoffelscheiben belegen und erneut mit dem restlichen Olivenöl beträufeln. Mit 4 Thymianzweigen belegen und die Form mit Alufolie verschließen.

Zitrone heiß waschen und sehr dünn schälen, halbieren und auspressen. Die Schale in feine Streifen schneiden. Schale, Saft und Fischfond mit den restlichen Thymianzweigen zum Kochen bringen und bei starker Hitze um die Hälfte einkochen lassen.

Die Fischfilets im Kartoffelmantel im Backofen in etwa 15 Minuten garen und goldbraun werden lassen.

Thymian aus dem Zitronen-Fisch-Fond entfernen. Den Fond mit der Butter in kleinen Flöckchen binden. Über den Filets mit den Kartoffelschuppen verteilen und noch etwa 3 bis 4 Minuten im abgeschalteten Ofen ruhen lassen.

TIPP

Achten Sie beim Kauf der Zitronen darauf, dass diese vollreif sind und keinesfalls zu sauer.

WEINEMPFEHLUNG

Zu diesem frischen sommerlichen Fischgericht harmoniert ein Wein mit weniger Säure bestens, z. B. ein vollmundiger Chardonnay aus der Franciacorta – dieses Mal nicht als Spumante, sondern als Stillwein.

FISCH

Groß ist die Vielfalt der Gardaseefische, aber Nummer 1 ist der *lavarello*, auch *coregone* genannt, er ist vergleichbar mit Renke oder Felchen. Entdeckenswert: die Gardasee-Sardine.

HOTEL
BENACO

ALLES, WAS ZAPPELT FISCHE

FRISCH GEFANGEN AUS DEM LAGO

Über 30 verschiedene Fischarten tummeln sich im sauberen Gewässer des Lago di Garda. Superlecker sind ab Mai, wenn wieder gefischt werden darf, die *agone*, wie die Sardella di Lago, also die Gardasee-Sardelle richtig heißt. Klingt komisch: Sardinen aus dem Gardasee? Aber tatsächlich lebt ein naher Verwandter aus der Familie der Heringe im größten See Italiens. Es handelt sich dabei um *Alosa fallax*, zu Deutsch: »Finte«. Es ist ein heringsartiger Fisch der ursprünglich als Wanderfisch lebte – ähnlich wie der Lachs – der ja bekanntlich auch im Salzwasser lebt und nur zum Laichen ins Süßwasser wandert. Im Unterschied dazu sind die Sardinen-Vorfahren, die *Alosa lacustris* wie sie in der Fachsprache heißen, irgendwann sesshaft geworden. Im Gardasee fühlen sie sich seit ewigen Zeiten wohl und ihr Fleisch begeistert die Feinschmecker, denn es ist saftig und aromatisch. Sie werden entweder gegrillt und mit feinstem Olivenöl beträufelt oder süßsauer als *antipasto* serviert.

Ebenfalls ausgesprochen lecker ist der *persico*, eine Barschart! Man sollte nicht versäumen, ihn mal zu genießen, wenn er auf der Speisekarte steht. Meist wird *persico* filetiert angeboten! Und das zu Recht, denn ich weiß aus Erfahrung, dass es Mühe, Fingerspitzengefühl und Zeit kostet, um an das feste, sehr gute Fischfleisch zu gelangen.
Selten findet man den König der Gardaseefische, den *carpione* auf der Speisekarte, da er ausgesprochen rar ist und wenn er ins Netz geht, dann warten schon viele Feinschmecker auf den feinaromatischen Leckerbissen.
Im Gardaseee tummeln sich aber auch Hechte! *Lucio* oder dialektisch *lùsso* werden hier bis über einen Meter lang und das Fischfleisch ist ausgesprochen delikat.
Eine Spezialität am Lago ist die *tinca* (Schleie), die gerne als *ragù* mit *bigoli* oder als *risotto alla tinca* serviert wird.
Köstlich vor allem für jene, die nicht vor fetterem Fischfleisch zurückschrecken, ist die *anguila* (Aal), die meist in Tournedos geschnitten kross gebraten aufgetischt wird – oder sanft geschmort.
Und nicht zuletzt *coregone* oder *lavarello*. Es handelt sich hier um ein und denselben Fisch, der bei uns ebenfalls, je nach Region unterschiedlich mal als Felchen mal als Renke betitelt wird. Ob *coregone* oder *lavarello* – rund um den See wird er in fast jedem Restaurant vorwiegend gegrillt serviert.

FILETTI DI LAVARELLO AL CURRY CON VERDURE

FILETS VON GARDASEE-FELCHEN MIT CURRY UND GEMÜSE

Eine raffinierte Rezeptkreation, mal völlig ungewöhnlich für die traditionsbewussten italienischen Köche! Sie stammt von Roberto, dem Chefkoch und Mitbesitzer des wunderschön direkt *al lago* gelegenen Restaurants »**Al Corsaro**« in Malcesine.

8 küchenfertige Felchenfilets von je ca. 100 g
ca. 8 EL frisch geriebenes Weißbrot
1 EL mildes Currypulver
6 EL Gardasee-Olivenöl

FÜR DAS GEMÜSE

2 Lauchstangen
2 Karotten
2 kleine Zucchini
Salz, frisch gemahlener Pfeffer
2 EL Gardasee-Olivenöl, extra vergine

Die Felchenfilets waschen, trocken tupfen und in einer Mischung aus geriebenem Weißbrot und Curry wenden. Die Panade leicht andrücken.

Von der Lauchstange das hintere grüne Ende und die Wurzeln entfernen, die Stangen der Länge nach halbieren und gründlich waschen. In etwa 1 cm breite Streifen schneiden.

Karotten schälen, erst der Länge nach in Scheiben schneiden, dann in 1 cm breite Streifen. Zucchini waschen, der Länge nach in Scheiben schneiden und diese dann ebenfalls in 1 cm breite Streifen.

Die Gemüsestreifen in kochendem Salzwasser 3 Minuten blanchieren, in eiskaltem Wasser abschrecken und gut abgetropft im erhitzten Olivenöl in weiteren 3 bis 4 Minuten bissfest braten. Salzen und pfeffern.

In einer beschichteten Pfanne das Olivenöl erhitzen und die panierten Felchenfilets darin bei nicht zu starker Hitze in wenigen Minuten goldgelb und knusprig braten.

Das knackige Gemüse auf vier Teller verteilen und je zwei Fischfilets darauf anrichten.

WEINEMPFEHLUNG

Eine fein ausgewogene Cuvée aus Riesling, Chardonnay, Incrocio Manzoni von der Cantina Cantrina im Valtenèsi vereint sich vorzüglich mit dem Curryaroma und unterstreicht die Eleganz dieses raffinierten und schnell zubereiteten Fischgerichts vom Gardasee.

CORECONE RIPIENE CON PATATE SCHIACCIATE

GEFÜLLTE FELCHEN MIT QUETSCHKARTOFFELN

»QB« – so heißt das smarte und sehr charmant geführte Ristorante in Salò, besser gesagt im Stadtteil Compoverde, das ich erst in diesem Jahr entdeckt habe. Alberto kocht überaus kreativ und seine liebenswerte Frau Irene sorgt dafür, dass man sich in dem kleinen, aber feinen Ristorante wohl fühlt. Im Sommer werden Albertos Köstlichkeiten in einem heimeligen Garten vis-à-vis des Eingangs serviert. Übrigens »QB« steht für *quanto basta* und das sagt man in Italien bei Angaben im Rezept, wenn man es nach eigenem Gefühl bemessen sollte.

FÜR DIE FELCHEN

4 küchenfertige Coregone (Blaufelchen), je ca. 300 g
Salz, frisch gemahlener weißer Pfeffer

FÜR DIE FÜLLUNG

1 rote Zwiebel
1 gelbe Paprikaschote
1 Karotte
1 Zucchino
2 EL Gardasee-Olivenöl
2 Thymianzweige
16 hauchdünn geschnittene Pancettascheiben

FÜR DIE QUETSCHKARTOFFELN

4 große mehligkochende Kartoffeln
Salz
8 EL Gardasee-Olivenöl, extra vergine
6 – 8 frische Basilikumblätter
Fior di Sale

Die Blaufelchen von der Bauchhöhle aus entgräten, dann innen und außen mit Salz und Pfeffer würzen.

Für die Füllung Zwiebel schälen, Paprikaschote halbieren und die Samenkerne entfernen, Karotte und Zucchino waschen und alles in sehr kleine Würfel schneiden. Mit den Thymianzweigen in Olivenöl anbraten, bis das Gemüse bissfest ist. Von der Kochstelle nehmen und abkühlen lassen.

Backofen auf 180 °C vorheizen. Die Füllung in die Bauchhöhlen der Fische verteilen und jeden Fisch mit vier dünnen Speckscheiben umhüllen. Nebeneinander in eine geölte Auflaufform legen und im heißen Ofen in 14 bis 15 Minuten garen.

Für die Quetschkartoffeln die Kartoffeln in der Schale in etwa 40 Minuten garen. Pellen und mit einem Kartoffelstampfer zerdrücken. Mit einer Gabel etwa 4 EL feinstes Olivenöl so lange unterrühren, bis eine homogene Masse entsteht. Salzen.

Restliches Olivenöl mit den Basilikumblättern und etwas Salz mixen.

Den Kartoffelstampf in einen Ausstechring drücken und auf vier Teller verteilen, den Fisch danebenlegen und mit dem Basilikumöl beträufeln.

TIPP

Das Entgräten der Fische erfordert schon ein wenig Küchenfertigkeit, wenn es Ihnen zu mühsam ist, es schmeckt auch, wenn man die Fische einfach so füllt und dann eben bei Tisch die Gräten entfernt.

WEINEMPFEHLUNG

Zu diesem herzhaften Fischgericht ist ein Chiaretto, wie der Molmenti vom Weingut Costaripa, der noch auf altmodische Weise vinifiziert wird und daher eine opulente Frucht und viel Würze aufweist, optimal.

INVOLTINI DI LAVARELLO CON RISO VENERE E DUE SALSE

FELCHENROULADEN MIT SCHWARZEM REIS GEFÜLLT MIT ZWEI SAUCEN

Inmitten des Touristenrummels von Bardolino gibt es eine kleine Oase, wo man guten Wein trinken kann, köstlichen Schinken und Käse aufgetischt bekommt und von Susy und ihren Partnerinnen bestens beraten und gut bedient wird, es sei denn, es verlangt einer nach einer Pizza. Dann sieht Susy rot!
Normalerweise esse ich im »**Il Giardino delle esperidi**«, das von einer über viele Jahre bewährten Damencrew geführt wird, gerne die verlockenden köstlichen Käse- und Schinkenspezialitäten, aber Susy überraschte mich mit dem nachfolgenden Gericht, das mir so gut schmeckte, dass ich um das Rezept bat:

150 g Riso Venere (schwarzer Reis), Salz
4 mittelgroße Felchenfilets, sorgfältig entgrätet
1 kleiner Zucchino
½ gelbe Paprikaschote
½ rote Paprikaschote
10 Cocktailtomaten
2 EL Gardasee-Olivenöl
1 Knoblauchzehe

AUSSERDEM

1 Karotte
1 große gelbe Paprikaschote
6 EL Gardasee-Olivenöl, Salz

Den Riso Venere in reichlich kochendem Salzwasser in etwa 45 bis 50 Minuten bei schwacher Temperatur gar kochen. Dann auf ein Sieb schütten, die Kochflüssigkeit aufbewahren und den Reis auf einem Tuch abtrocknen lassen.

Zucchino, die Paprikahälften und die Tomaten in winzig kleine Würfel schneiden und in Olivenöl mit der Knoblauchzehe (mit Schale) braten, bis das Gemüse bissfest ist. Dann den Riso Venere untermischen und abkühlen lassen.

Für die gelbe Sauce die Paprikaschote halbieren, die Samenkerne entfernen und in kleine Stücke schneiden. In 2 EL Olivenöl anbraten, salzen und mit einem Glas Wein begießen. Etwa 5 bis 6 Minuten köcheln lassen, dann im Mixer pürieren und dabei weitere 3 EL Olivenöl hinzufügen.

Für die zweite Sauce die Kochflüssigkeit des Riso Venere sämig einkochen lassen, dann durch ein feines Haarsieb streichen und 1 EL Olivenöl unterrühren. Den Ofen auf 180 °C vorheizen.

Die Felchenfilets zwischen zwei Sichtfolienblätter legen und mit einem Flacheisen flach drücken. Salzen und pfeffern und mit etwas von der Riso-Venere-Füllung bestreichen. Die restliche Fülle aufbewahren. Die Felchenfilets aufrollen und nebeneinander in eine mit Olivenöl gefettete Auflaufform legen. Mit Alufolie bedeckt 8 bis 9 Minuten im Ofen garen.

Die Rouladen mit einem scharfen Messer in schräge Scheiben schneiden und mit den beiden Saucen und der restlichen Füllung hübsch anrichten.

TIPP

Riso Venere ist eigentlich der Ur-Risottoreis. Er wurde in den letzten Jahren wiederentdeckt und erobert allmählich den Gaumen der Genießer. Im Unterschied zum herkömmlichen Risottoreis ist die Garzeit wesentlich länger. Geschmacklich erinnert mich der köstliche schwarze Reis an frische Brotkruste.

WEINEMPFEHLUNG

Zu diesem raffinierten Gericht mit den intensiven Aromen von Fisch, Brotkruste und Gemüse muss der Wein schon Power mitbringen, wie z. B. der Lugana Superiore Vigne di Catullo von der Tenuta Roveglia. Super, weil die opulente Frucht des Weines sich harmonisch mit dem leckeren Fischgericht vereint.

WEIN

Ein wahres Paradies für Weingenießer! Sieben Weinregionen mit ansprechenden Weiß-, Rosé- und Rotweinen sind nur einen Katzensprung vom Lago entfernt.

DES GARDASEES WEINE

VIELFÄLTIG WIE DIE LANDSCHAFT

Weinhügel prägen das Landschaftsbild rund um den Gardasee und sein wunderschönes Hinterland! Entdecken Sie die Vielfalt der Rebsorten und der daraus gekelterten Weine aus dem Trentino, dem Veneto und der Lombardia.

TRENTINO DOC

In der Rotaliana-Ebene, von Mezzocorona bis Trento, im Norden des Trentino, gedeiht der Teroldego Rotaliano, ein kräftiger Rotwein, der als König der Trentiner Weine bezeichnet wird. Verlässt man die Autobahn in Trento Centro und fährt auf der Landstraße zum Gardasee, kommt man durch das zauberhafte Valle dei Laghi (das Tal der Seen). Links und rechts der Straße schmiegen sich sanfte Weinhügel, bepflanzt mit der heimischen Nosiola-Rebe. Die daraus gekelterten Weine schmecken angenehm frisch mit einem zartnussigen Abgang, daher der Name. Es ist der Hauswein der Trentiner, passt zu Antipasti und Fischgerichten oder einfach so – just for fun.
Rund um Rovereto ist der Marzemino zu Hause. Ein fruchtiger Rotwein, von dem bereits Mozart so schwärmte, dass er ihn in seiner Oper »Don Giovanni« besingen ließ.
Bei Weinliebhabern besonders begehrt ist der elegante Flaschengärsekt nach *metodo classico.* Gekeltert aus den Reben Chardonnay und Pinot Nero, die auf den Hügeln rund um Trento beste Bedingungen vorfinden! Die Weine lagern vor der *sboccatura* (Dégorgement) mindestens zwei Jahre auf der Flasche. Um sich von den einfachen Tankgärsekten zu unterscheiden, steht auf dem Etikett entweder »Talento« oder »Trento DOC«. Bei hochklassigen *spumanti* hat das Trentino die Nase vorne! Spitzenqualität zu vernünftigen Preisen!

VALPOLICELLA DOC & DOCG

Auf den Hügeln nördlich von Verona gedeihen die Reben für einen der größten Rotweine Italiens, den Amarone.
Die Basis für diesen Powertropfen bilden, wie auch für den Valpolicella Classico und den gehaltvolleren Superiore, die autochthonen (heimischen) Rebsorten Corvina, Corvinone, Rondinella und Molinara, die je nach Winzer in unterschiedlicher Zusammensetzung vinifiziert werden.

Des Gardasees Weine

Während der Valpolicella Classico ein fruchtiger, eher leichter Rotwein ist, der Pastagerichte perfekt begleitet, passt der kräftigere und ausdrucksstärkere Superiore perfekt zu würzigen Fleischgerichten.

Am gefragtesten ist derzeit der vollmundige, dem Amarone ähnlichen, Valpolicella Ripasso. Um dem Wein die begehrten Aromen eines Amarone zu verleihen, wird der bereits vergorene Valpolicella-Wein noch einmal mit den Trestern, die bei der Amarone-Herstellung anfallen, ein zweites Mal vergoren. So erhalten die Weine mehr Körper und intensivere, vielschichtige Aromen.

Für den Amarone werden die Trauben im Spätherbst geerntet und locker verteilt, in kleinen Kisten, auf durchlüfteten Speichern oder speziellen Räumen drei bis vier Monate getrocknet. Dann werden sie schonend gepresst, langsam vergärt und reifen dann in großen oder kleinen Holzfässern mindestens zwei Jahre, ehe man sie in Flaschen abfüllt. Amarone sind Meditationsweine mit 15 bis 16 Prozent Alkohol, mit einem finessenreichen Spiel reifer Früchte, das lange in Erinnerung bleibt.

BARDOLINO DOC & DOCG

Der größte Anteil der Bardolino-Weine wird vor Ort von deutschen Touristen getrunken, aber eigenartiger Weise ist die Nachfrage in der Heimat nach diesem leicht verständlichen Wein gering. Das mag daran liegen, dass die Weine viele Jahre lang meist nichts anderes als einfache Zechweine waren.

Das hat sich aber geändert: Einige Winzer in der großen DOC-Region keltern mittlerweile sehr gute Weine, die aber dennoch – gottlob – keine Blockbusterweine sind, denn davon gibt es genug auf der Welt. Es sind Weine mit eigenständigem Charakter und moderatem Alkoholgehalt, deshalb auch perfekte Essensbegleiter.

Mehr und mehr erobert der zartrosa Chiaretto den Gaumen der Weinliebhaber. Chiaretto gibt es sowohl als Stillwein wie als Spumante und sowohl im Bardolino DOC wie auch im Valtènesi in der Garda DOC auf der südwestlichen Seite des Sees.

Der fruchtige Bardolino Chiaretto wird aus den gleichen Trauben wie der rote Bardolino-Wein gekeltert: aus Corvina, Molinara und Rondinella. Allerdings bleibt er nur so lange auf den Schalen, bis er eine ansprechende Farbe hat, dann wird der Rebsaft wie ein Weißwein im Stahltank vergoren. Ganz besonders fein und derzeit im Trend ist der Chiaretto Spumante, der vorwiegend als Tankgärsekt angeboten wird, aber, wenn auch nur vereinzelt als Flaschengärsekt. Es ist ein wunderbarer *aperitivo* und ein Gute-Laune-Prickler an heißen Sommertagen. Kreativ, wie Italiener nun mal sind, haben sie daraus einen neuen Cocktail entwickelt: ein Pendant zu Spritz. Superlecker, wie ich finde, und ich bin neugierig, ob »Chiarè«, so sein Name, es schafft, die Gaumen der Touristen zu erobern. So wird er gemacht: 6 cl Bardolino Chiaretto Spumante mit 1,5 cl Holunderblütensirup und 7,5 cl Soda vermischen und mit fein geschnittenen frischen Minzeblättern auf Crushed Ice servieren!

CUSTOZA DOC

Die Weißweine aus dem Custoza sind unkompliziert, was aber längst nicht bedeutet, dass sie langweilig sind. Ganz im Gegenteil! Es sind Cuvées aus verschiedenen Rebsorten, wobei der Protagonist die Garganega-Traube ist. Laut Gesetz dürfen zusätzlich Trebbiano Toscano, Bianca Fernanda, Malvasia, Riesling Italico, Pinot Grigio oder Chardonnay beigefügt werden. Mich beeindruckt die Unterschiedlichkeit der lebendigen Weißweine, denn hier wird die Handschrift des Winzers und die Charakteristik des Terroirs ausdrucksstark wiedergegeben.
Neben dem Custoza classico gibt es natürlich einen Superiore und viele Winzer von Bussolengo über Valeggio bis Sommacampagna bauen auch einen Garganega *in purezza* (hundert Prozent) aus. Die fruchtigen, ansprechenden Weine harmonieren perfekt zu den handgeformten, hauchdünnen Tortellini di Valeggio. Wie sehr diese zugänglichen Weine von Jahr zu Jahr beliebter werden, spiegelt auch der bekannte Weinführer *Gambero Rosso* wieder, der 2011 gleich drei Weine mit den begehrten drei Gläsern auszeichnete (Cavalchina, Corte Gardoni und Monte del Frá).

LUGANA DOC

Im Hinterland von Peschiera bis Desenzano sind die Winzer des Modeweins Lugana zu Hause. Lugana-Weine werden, im Unterschied zu Custoza-Weinen aus einer Rebsorte vinifiziert, der Trebbiano di Lugana. Ein kleiner Anteil der Rebfläche des DOC Lugana liegt in der Region Veneto, der Rest gehört zur Lombardia. Die Rebstöcke des Trebbiano di Lugana haben auf dem moränischen Hügelland ein optimales Terroir gefunden, nämlich sandige Böden, und das spiegelt sich in den duftigen Weinen wider. Die ansprechenden Weißweine bestechen durch eine elegante Fruchtigkeit und leicht salzige Noten. Lugana-DOC-Weine werden jung getrunken und passen bestens zu Fischgerichten. Aus selektionierten Trauben wird der Lugana Superiore gekeltert, der erst nach einem Jahr Reifezeit auf den Markt kommt. Diese Weine müssen keine Angst vor dem Altern haben.

SOAVE DOC

Fährt man von Verona in Richtung Venedig erstrecken sich links von der Autobahn die sanften Hügel der lieblichen Weinregion Soave. Mit 6500 Hektar zusammenhängender Rebfläche, verteilt auf 13 Gemeinden, rund um das Städtchen Soave, ist es der größte zusammenhängende Weinberg Europas. Dank des vulkanischen Bodens gedeiht hier die Rebsorte Garganega bestens, aber sie braucht die qualifizierte Arbeit des Winzers, um daraus hochwertige Weine zu machen. Typisch für einen guten Soave ist der feine Duft nach weißen Blüten und filigranen exotischen Aromen.
Soave-Weine hatten lange Zeit das Image von Massenweinen, die vorwiegend in Pizzerien oder in Discountern zu Niedrigpreisen angeboten wurden! Eine beachtliche Zahl an Winzern hat aber in den letzten Jahrzehnten bewiesen, dass die Garganega-Rebe, richtig kultiviert und perfekt ausgebaut, einen beeindruckenden Weißwein hervorbringt, mit unglaublich langem Lagerpotenzial.

DES GARDASEES WEINE

VALTÈNESI (GARDA DOC)

In der Lombardia, genauer gesagt, im moränischen Hügelland zwischen Desenzano und Salò, ist die rote Rebsorte Groppello beheimatet. Die würzigen Rotweine gehören zum Anbaugebiet Garda DOC und werden von Jahr zu Jahr besser und beliebter! Die Rotweine bestechen durch Würzigkeit und bei richtiger Pflege der Weinberge und perfekter Vinifizierung, auch durch eine ansprechende Tiefe. Aus der Rebsorte Groppello, vereint mit einen kleinen Anteil an Marzemino, Barbera und Sangiovese, je nach Winzer in unterschiedlichem Verhältnis, vinifiziert man hier ebenfalls fruchtige Chiaretto-Weine, die im Valtènesi seit jeher Tradition haben, seit Kurzem aber so richtig trendy sind.

SPUMANTI METODO CLASSICO

In den höheren Weinlagen im Trentino gedeiht die Rebsorte Chardonnay besonders prächtig! Beste Voraussetzung für feinste Spumanti *metodo classico* (Flaschengärsekt), die aufwändigste Methode, um Schaumwein herzustellen. Und das geht so:

Der vergorene Wein aus den Rebsorten Chardonnay, Pinot Nero und manchmal auch ein wenig Pinot Bianco, wird mit Hefe versetzt und in Flaschen abgefüllt. Mit einem Kronkorken verschlossen reifen die Weine mindestens zwei Jahre, und besonders hochwertige Tröpfchen auch viele Jahre mehr.

Anschließend steckt man die Flaschen in ein Rüttelpult *(pupitre)*, heute meist mit Hilfe von Maschinen, in kleineren Betrieben auch noch mit der Hand. Darin werden die Flaschen so lange gedreht, bis die Hefe beim Kronkorken angekommen ist.

Nun folgt die sogenannte *sboccatura*! Der Flaschenhals wird eingefroren, der Kronkorken, der unter großem Druck steht, entfernt. Den dabei verloren gegangenen Wein ersetzt man durch die sogenannte Dosage, deren Mischung das wohlgehütete Geheimnis jeder Kellerei ist.

Anschließend verschließt man die Flaschen mit einem Korken und Drahtkörbchen sichern den Verschluss, da der Druck in einer Flasche etwa 5 Atü beträgt.

Nach einer weiteren Reifezeit auf der Flasche kann man sich an den prickelnden, feinen Perlen erfreuen!

Marktführer in Italien, wenn es um hochwertige Spumanti *metodo classico* geht, ist die Kellerei Ferrari in Trento. Hier, nur wenige Kilometer von der Ausfahrt »Trento Centro« entfernt, kann man die gerade beschriebene Herstellung bei einem Besuch vor Ort kennenlernen! Anschließend versteht man, weshalb ein Flaschengärsekt wesentlich mehr kostet, als Spumanti, die nach dem Tankgärverfahren hergestellt werden.

EINIGE GUTE WINZERADRESSEN, WO MAN AUCH EINKAUFEN KANN, SIEHE SEITE 301-306.

FERRARI

DOLCI

Faszinierend und lange in Erinnerung bleibend, wie die Stimmung eines Sonnenuntergangs im goldenen Herbst, so muss ein verführerisches Dessert sein.

CASSATA ALLA FRUTTA SECCA E FRUTTI DI BOSCO

CASSATA MIT TROCKENFRÜCHTEN UND WALDBEEREN

Normalerweise kann ich gut auf das Dessert verzichten, da ich nicht so gerne Süßes esse, aber im Ristorante »**Perbellini**« in Isola Rizza, vor den Toren Veronas, muss es auch für mich unbedingt ein *dolce* geben! Und meine Freunde, die von meiner Abneigung gegen das Süße wissen, haben hier das Nachsehen, weil ich alles bis auf den letzten Krümel selbst aufesse. Der sympathische Zwei-Sterne-Koch stammt aus einer Konditoreidynastie in Bovolone. Die Zubereitung süßer Verlockungen ist ihm sozusagen schon in die Wiege gelegt worden. Er hat mir vier seiner sensationellen Rezepte gegeben, die ich Ihnen gerne in diesem Buch verrate.

FÜR DIE CASSATA

160 g Trockenfrüchte (Kirschen, Orange und Zitronat), in kleine Würfel geschnitten
50 g Sultaninen
4 cl Rum
40 g Pistazien
100 g Pinienkerne
50 g Eiweiß
100 g Zucker
½ l Sahne
150 g Ricotta

AUSSERDEM

250 g gemischte Waldbeeren

Die Trockenfrüchte am Vortag mit Rum begießen und zugedeckt über Nacht darin marinieren.

Am nächsten Tag Pistazien und Pinienkerne in einer Pfanne kurz rösten und abkühlen lassen.

Das Eiweiß mit einem elektrischen Handrührgerät steif schlagen, und dabei nach und nach den Zucker einrieseln lassen. Über einem Wasserbad so lange schlagen, bis eine kompakte Masse entsteht. In einer zweiten Schüssel die Sahne steif schlagen.

Ricotta und Sahne gleichmäßig mit der Eiweißmasse vermengen und dann die marinierten und abgetropften Trockenfrüchte sowie die Pistazien und Pinienkerne untermischen. Die Masse in Portionsförmchen (Halbkugeln) füllen und im Gefrierschrank einige Stunden gefrieren lassen.

Waldbeeren verlesen und die Cassata damit garnieren.

TIPP

Ein ideales Dessert wenn man Gäste hat, da man es gut schon Tage vorher zubereiten kann!

WEINEMPFEHLUNG

Ein Gläschchen Spumante, den es ja entlang des Sees in allen Qualitäts- und Preisklassen gibt, passt »perfetto«!

MOUSSE VON PASSIONSFRUCHT UND JOHANNISBEEREN

2010 hat sich der Zwei-Sterne-Koch Giancarlo Perbellini den *pasticciere* Pascal Piermattel, einen langjährigen Freund und Wegbegleiter durch die Toprestaurants Europas, ins Team geholt. Signor Piermattel, halb Franzose und halb Italiener, ist nun für das süße Finale im beliebten Sternerestaurant zuständig. Anstelle des riesigen Dessertwagens werden nun im »**Perbellini**« kleine Kunstwerke auf dem Teller serviert, die fast zu schade zum Aufessen sind! Aber beim ersten Biss weiß man, sie sehen nicht nur sensationell aus, sie schmecken grandios!

FÜR 8 PERSONEN

50 g Eiweiß
125 g Zucker

FÜR DIE PASSIONSFRUCHT-MOUSSE

33 g Eigelb
33 g Zucker
100 g Passionsfruchtfleisch
10 g Gelatine
50 g Butter
250 ml Passionsfruchtsaft
½ l Sahne

FÜR DAS JOHANNISBEERGELEE

½ l Johannisbeersaft
100 g Zucker
10 g Gelatine

Zuerst eine »Meringa italiana« zubereiten, das bedeutet Eiweiß steif schlagen und dann über dem Wasserbad nach und nach den Zucker einrieseln lassen. So lange weiterschlagen, bis eine kompakte Baisermasse entstanden ist.

Für die Mousse das Eigelb mit Zucker und dem Fruchtfleisch der Passionsfrucht über einem Wasserbad von 82 °C dickschaumig aufschlagen. Die kalt eingeweichte, ausgedrückte Gelatine darin auflösen. Die Butter in kleinen Flöckchen unterschlagen und den Fruchtsaft hinzufügen. Aus dem Wasserbad nehmen und abkühlen lassen.

Für das Johannisbeergelee den Saft mit dem Zucker aufkochen lassen und die eingeweichte, ausgedrückte Gelatine unterrühren. Von der Kochstelle nehmen und abkühlen lassen, bis die Mischung halbfest ist.

Die Sahne für die Mousse steif schlagen und mit der Baisermasse vorsichtig und gleichmäßig unter die halbfeste Mousse ziehen.

Die Hälfte der Mousse in eine längliche Form füllen, darauf die noch nicht völlig erstarrte Geleeschicht verteilen und im Kühlschrank erstarren lassen. Dann die restliche Passionsfruchtcreme darüberstreichen und mindestens einige Stunden im Kühlschrank erstarren lassen.

Mit einem heißen Messer in Portionsstücke teilen und beliebig verzieren.

TIPP

Im »Perbellini« wird die Mousse mit einem erfrischenden Johannisbeersorbet serviert und natürlich der Teller verlockend kunstvoll dekoriert.

CRÈME CARAMEL

Dieser Klassiker der französischen Küche ist rund um den Lago ein sehr beliebtes Dessert, das man auf vielen Dessertkarten findet. Eine willkommene Abwechslung zu Panna cotta, Tiramisù oder den sonst üblichen Früchten der Saison, die man in Italien gerne als süßen Abschluss reicht.

100 g brauner Zucker
2 EL Grappa, im Holzfass gereift
400 ml Milch
100 ml Sahne
ausgekratztes Mark ½ Vanilleschote
4 Eier
100 g Zucker

Backofen auf 160 °C vorheizen. In die Fettpfanne des Ofens zwei Fingerbreit heißes Wasser füllen und in den Ofen stellen.

Den braunen Zucker mit 1 EL Grappa und 2 EL Wasser in einer Pfanne goldbraun karamellisieren lassen und die Hälfte davon auf vier feuerfeste Förmchen verteilen.

Restlichen Karamell mit der restlichen Grappa und 2 EL Wasser aufkochen lassen, dann beiseitestellen.

Milch und Sahne mit dem Vanillemark erhitzen. Eier und Zucker mit einem Schneebesen so lange rühren, bis sich der Zucker aufgelöst hat und die Masse cremig, aber nicht schaumig ist. Dann die Vanillemilch nach und nach unterrühren, gründlich vermischen und auf die Förmchen verteilen. Sie dürfen nur zu drei Viertel gefüllt sein, da die Creme aufgeht. Mit Alufolie bedecken und im heißen Wasserbad in 40 bis 45 Minuten stocken lassen.

Anschließend zugedeckt mehrere Stunden erkalten lassen. Kurz vor dem Servieren den Rand mit einem spitzen Messer lösen, die Creme auf Teller stürzen und mit der zurückgelassenen Karamellsauce umgießen.

TIPP

Um zu überprüfen, ob die Creme ausreichend gestockt ist, drückt man mit den Fingerkuppen auf die Oberfläche. Wenn diese leicht federnd nachgibt, ist die Creme fertig. Eine weitere Möglichkeit ist es, mit einem Holzstäbchen in die Creme zu stechen. Bleibt nichts hängen, kann die Creme aus dem Ofen.

MOUSSE AUS FRISCHEN FEIGEN

Fast in jedem Garten der Lombardia und des Veneto steht ein Feigenbaum. Die Saison, Mitte August bis Mitte September, wenn die reifen Früchte am Baum hängen, ist kurz. Deshalb sollte man nicht versäumen, diese gesunden Früchte vollreif direkt vom Baum zu naschen! Ein Hochgenuss ist diese köstliche Creme.

FÜR DIE FÜLLUNG

250 g frische, sehr reife Feigen
4 cl italienischer Brandy
5 Blatt weiße Gelatine
⅛ l Milch
½ aufgeschlitzte Vanilleschote
10 g Butter
3 Eigelbe
60 g Zucker
1 Eiweiß
200 g Sahne

AUSSERDEM

4 frische feste Feigen
4 frische Minzezweige
Puderzucker zum Bestäuben

Sehr weiche Feigen, nur wenn nötig schälen, ansonsten auch mit der Schale im Mixer fein pürieren, mit Brandy begießen und mindestens eine Stunde marinieren. Gelatine in reichlich kaltem Wasser einweichen.

Milch, Vanilleschote und Butter erwärmen. Eigelbe mit 40 g Zucker über einem Wasserbad cremig schlagen. Nach und nach unter ständigem Schlagen die heiße Vanillemilch hinzufügen. Die gut ausgedrückte Gelatine und das Feigenmus unter die Eigelbmasse rühren und abkühlen lassen.

Eiweiß mit dem restlichen Zucker steif schlagen, ebenso die Sahne und beides locker und gleichmäßig unter die Feigencreme ziehen.

Die Creme entweder in Gläser oder in Schälchen füllen und im Kühlschrank mindestens 3 bis 4 Stunden erstarren lassen.

Die Creme in den Schälchen auf Teller stürzen, mit frischen geviertelten Feigen umkränzen und mit Minzezweigen garnieren oder in den Gläsern servieren.

TIPP

Stellen Sie die Creme vor dem Servieren noch 30 Minuten in den Gefrierschrank, das verleiht der Creme noch mehr Raffinesse.

WEINEMPFEHLUNG

Ein fruchtiger Chiaretto Spumante, z. B. vom Weingut Zeni, peppt die Feigenmousse zusätzlich auf und verleiht dem typischen Dessert des Spätsommers noch eine hochsommerliche Frische!

252

CREMA DI MASCARPONE CON LE MORE

MASCARPONECREME MIT BROMBEEREN

In den Wäldern des Trentino, aber auch auf der Lessinia im Veneto, findet man die aromatischen wild wachsenden Brombeeren zuhauf. Am liebsten werden die Früchte hierzulande einfach pur – ohne lang Hand anzulegen für ein Rezept – als Nachtisch serviert. Ich mag sie jedoch mit einer feinen Crema vereint noch lieber, und der Zeitaufwand sie zuzubereiten ist gering.

250 g Mascarpone
ausgekratztes Mark von 1 Vanilleschote
50 g Puderzucker
abgeriebene Schale von ½ unbehandelten Zitrone
2 EL Limoncello
100 ml Sahne
200 g Brombeeren

Den Mascarpone mit dem Vanillemark, Puderzucker, Zitronenschale und Limoncello glatt rühren.

Die Sahne steif schlagen und locker und gleichmäßig unter die Creme ziehen.

Die Creme abwechselnd mit den Brombeeren in vier hübsche Gläser füllen und bis zum Servieren kalt stellen. Obenauf eine schöne Brombeere setzen.

TIPP

Hübsch sieht es aus, wenn man die Creme noch mit Amarettibröseln bestreut und mit frischen Minzezweigen garniert.

WEINEMPFEHLUNG

Mir schmeckt dazu ein Recioto della Valpolicella, denn der Dessertwein aus den angetrockneten roten Trauben des Valpolicella verfügt über intensive Aromen von Waldfrüchten. Harmonie pur!

FRÜCHTE

So verlockend saftige Kirschen oder Pfirsiche auch sind, das Blütenmeer, das sich im Frühjahr im Valpolicella und im Tal der Pfirsiche bietet, ist atemberaubend.

VERLOCKENDE FRÜCHTE

VON DER SONNE VERWÖHNT

PFIRSICHE

Jahr für Jahr fahre ich Ende März bis Mitte April ins »Tal der Pfirsiche«, das sich von Bussolengo über Verona bis Sommacampagna erstreckt, um das sensationelle, pinkfarbene Blütenmeer der Pfirsichbäume zu bestaunen. Jedes Jahr aufs Neue finde ich es faszinierend, wenn ich vor dieser leuchtenden Farbenpracht stehe und dahinter der Gipfel des Monte Baldo noch schneebedeckt ist.

Ein weiterer Anreiz dorthin zu fahren ist dann im Juni, wenn die reifen Pfirsiche an den weitausladenden Ästen hängen. Die Pfirsiche vom Veneto sind nicht nur saftstrotzend und sehr aromatisch, sie haben einen ganz besonderen charakteristischen Geschmack und das liegt, wissenschaftlich erwiesen, am Gardaseeklima.

Die Hausfrauen im Tal der Pfirsiche wecken seit jeher die Früchte ein, um sich auch im Winter an dem köstlichen Aroma zu erfreuen. In vielen Feinkostläden in und um Verona kann man die »winterfest« gemachten Pfirsiche kaufen, so muss man keine Angst haben, dass das Aroma auf der langen Rückreise leidet. Ansonsten werden die Pfirsiche in Konditoreien lediglich noch als Belag für Obsttörtchen verwendet, denn mit aufwendigem Kuchenbacken hat es *la Signora* nicht so!

KIRSCHEN

Dieses Schicksal, nicht in einem verführerischen lockeren Kuchenteig zu versinken, teilen die Pfirsiche mit den superleckeren Kirschen, die im Frühsommer Saison haben. Ein berühmtes Kirschengebiet ist das Valpolicella und das Soavegebiet. Zwischen Rebstöcken stehen die Kirschbäume und erfreuen im Frühling mit ihren Blüten und im Juni dann mit den saftigen, festfleischigen roten Früchten. Die Kirschen aus dem Veneto sind in ganz Italien, wegen ihres intensiven Aromas und ihrer Knackigkeit, geschätzt. Aber, wie gesagt, verführerische Kirschkuchen oder -torten sucht man vergebens. Man legt sie lieber in Grappa ein, kocht eine Marmelade daraus oder isst sie frisch gepflückt zum Nachtisch! Sowohl Pfirsiche wie auch Kirschen kann man im Frühsommer frisch ab Hof kaufen!

ERDBEEREN

schmecken nur, wenn sie sonnengereift sind, und dies ist rund um den Gardasee hundertprozentig sicher. Im Hinterland von Verona in Richtung Mantua gibt es weitflächige Erdbeerplan-

tagen, aber auch in jedem Garten werden die beliebten Früchte angebaut, die hier natürlich früher als bei uns geerntet werden können. Die roten aromatischen Früchte dürfen von Mai bis August auf keiner Dessertkarte fehlen. Verschiedene Sorten, die zu unterschiedlichen Zeiten reifen, ermöglichen dieses unwiderstehliche Fruchtvergnügen monatelang! Am liebsten genießt man die unwiderstehlichen Beeren solo, vielleicht gerade noch mit einigen Tropfen sehr gutem Aceto balsamico parfümiert, als verlockendes gelato oder als Belag auf knusprigen Mini-Tartes.

KIWI

Ursprünglich stammt die pelzige, braune, hühnereigroße Frucht aus Neuseeland, heute jedoch ist Italien Marktführer. Vor allem im Veneto, entlang der Etsch von Avio bis Verona und weiter bis nach Villafranca und Mantova säumen weitläufige Kiwi-Plantagen die Straßen.
Vielleicht ist Ihnen auch aufgefallen, dass man dennoch wenig Kiwi-Desserts in Restaurants findet? Ein Grund dafür ist sicherlich, dass diese Früchte keine lange Tradition haben. Und wenn *la nonna* das grasgrüne Fruchtfleisch nicht kannte und verarbeitet hat, ist man hierzulande ein wenig skeptisch. Man findet Kiwis fast ausschließlich auf den Frühstücksbüfetts der Hotels und mit anderen Früchten als Abschluss eines Menüs.
Viele Kiwibauern verkaufen die Früchte ab Hof! Die Ernte beginnt so im Oktober und es lohnt sich zuzugreifen, denn frisch geerntet schmecken die Früchte besonders aromatisch. Der Vitamin-C-Gehalt ist mit 71 Milligramm pro 100 Gramm ohnehin Spitze. Nur aufpassen, rohe Kiwis vertragen sich nicht mit Milchprodukten, weil das enthaltene Enzym Eiweiß sofort in bitter schmeckende Peptide zersetzt. Andererseits wirkt diese Eigenschaft verdauungsfördernd nach einem opulenten Mahl.

FEIGEN

Es gibt kaum einen Garten rund um den Gardasee oder im Hinterland in dem kein Feigenbaum steht! Die Bäume mit den ledrigen, handförmigen Blättern gehören dazu, wie bei uns der Holunderstrauch. Die Früchte reifen so um die Zeit der Weinlese und sind überaus beliebt. Sie schmecken am besten frisch vom Baum, entweder einfach so aus der Hand oder zu rohen Schinken oder feinen Käsesorten. Kreative Köche und Köchinnen bereiten auch verführerische Desserts daraus zu, siehe Seite 251.
Feigen spielen hier am Gardasee keine wirtschaftliche Rolle, obwohl sie in dem milden Klima bestens gedeihen. Sie sind nur da, um Einwohnern und Touristen den Herbst zu versüßen.

KAKI

Wer jemals in den Wintermonaten am Gardasee war, der erinnert sich sicherlich an die kahlen, blätterlosen Bäume, an denen – wie Weihnachtskugeln – orangefarbene, kugelrunde Früchte hängen. Vor allem wenn die tief stehende Wintersonne darauf scheint ist das ein herrlicher Anblick. Kakibäume stammen ursprünglich aus Asien, fühlen sich aber am Ufer des Gardasees

überaus wohl. Die Bäume werden bis zu zehn Metern hoch und gleichen in der Form einem Apfelbaum. Die kugeligen, einer Tomate ähnlichen Früchte, können bis zu 500 Gramm schwer werden. Das gelblich-orange Fruchtfleisch enthält bis zu acht Samenkerne und schmeckt sehr aromatisch. Der hohe Tanningehalt verleiht den Früchten einen eher herben Charakter, der sich vor allem bei noch nicht völlig ausgereiften Früchten bemerkbar macht. Sind Kaki jedoch richtig reif, und so bekommt man sie im November und Dezember am Lago, dann erinnert ihr saftiges Fruchtfleisch an eine gelungene Mischung aus Birne und Aprikose. Die saftigen, weichen Früchte sind zudem überaus gesund, denn sie enthalten viel Beta-Carotin (Provitamin A). Die schöne und köstliche Winterfrucht isst man am Gardasee vorwiegend pur oder fein püriert als Fruchtsoße mit Vanilleeis oder zu Panna cotta.

GRANATÄPFEL

Granatapfelbäume haben ihre Heimat im westlichen und mittleren Asien, aber seit Jahrhunderten wird der Granatapfelbaum auch im ganzen Mittelmeerraum angepflanzt.
Die Bezeichnung des Granatapfels ist auf das lateinische Wort für Kerne oder Körner, *granae*, bzw. auf deren große Zahl (lat. *granatus* – körnig, kernreich) zurückzuführen.
Granatapfel heißt auf Italienisch *melagrana*. Man sieht sie sowohl als Baum wie auch als Strauch rund um den Gardasee. Die Bäume können bis zu mehreren Metern hoch werden und, wenn der Standort passt, werden sie hunderte von Jahren alt.
Es sind beliebte Zierpflanzen, da sie sowohl im Frühsommer mit ihren hübschen, glockenähnlichen, orangeroten Blüten, wie auch im Spätherbst und Winter mit ihren apfelförmigen, leuchtend roten Früchten schön anzusehen sind.
Wer im Dezember am Gardasee verweilt, der kann in einigen Läden oder auf Wochenmärkten die gesunden und köstlichen Früchte frisch vom Baum geerntet kaufen. Verspeist werden die knackigen, blassrosa bis dunkelroten, fleischig ummantelten Kerne, die vor gesunden Inhaltsstoffen (Kalium, Vitamin C, Kalzium und Eisen) nur so strotzen.
Und wie kommt man an das köstliche Innenleben? Man schneidet die harte Schale des Granatapfels ringsum mehrmals von der Blüte zum Stielansatz ein – ähnlich wie beim Apfelsinenschälen – und bricht ihn auseinander.
Um lediglich den Saft aus dem Granatapfel zu gewinnen, rollt man den Granatapfel vor dem Öffnen so lange mit leichtem Druck auf einer harten Arbeitsfläche hin und her, bis ein Knacken zu hören ist und die Fruchtsamen aufplatzen. Dann stößt man ein Loch in die Schale und presst den Saft vorsichtig aus. Eine andere Möglichkeit ist es, die Frucht quer zu halbieren und die Hälften mit einer Zitruspresse zu entsaften. So oder so ist Vorsicht geboten, da der stark gerbstoffhaltige Saft Flecken hinterlässt, die man nicht mehr entfernen kann. Deshalb wurde Granatapfelsaft auch zum Einfärben von Orientteppichen verwendet.

REZEPTVORSCHLAG SIEHE SEITE 192

INSALATA DI PESCHE CON PANNA PROFUMATA

PFIRSICHSALAT MIT PARFÜMIERTER SAHNE

Anfang April freue ich mich Jahr für Jahr auf eine Fahrt durch das Tal der Pfirsiche, das sich von Pescantina bis Sommacampagna hinzieht. Ein pinkfarbenes Blütenmeer – so schön, dass ich immer wieder aufs Neue fasziniert bin. Einige Monate später bereits hängen an den Bäumen, mit den weitausladenden Ästen, die fast Monumenten gleichen, die vollreifen Pfirsiche. Und die werden in der Gegend vorwiegend eingeweckt oder roh gegessen. Ich überrasche meine Gäste gerne mit dem erfrischenden Salat aus erntefrischen Pfirsichen.

4 große reife Pfirsiche
2–3 EL Zucker
Saft von 1 Zitrone
Saft von 1 Orange
100 ml Süßwein aus Custoza
einige frische Minzeblätter

FÜR DIE SAHNE
200 ml Sahne
4 cl Pfirsichlikör

FÜR DIE ZABAIONE
3 Eigelbe
4 EL Zucker
⅛ l Süßwein aus Custoza
2 Eiweiß
200 ml Sahne

Die Pfirsiche halbieren, häuten und die Kerne entfernen. Die Fruchthälften der Länge nach in Spalten schneiden. Mit Zucker bestreuen und mit Zitrussäften und dem Süßwein begießen.

Von den Minzezweigen 6 bis 8 Blätter abzupfen, fein schneiden und unter die Früchte mischen. Zugedeckt im Kühlschrank einige Stunden durchziehen lassen.

Die Sahne steif schlagen und mit Pfirsichlikör verfeinern. Die Sahne auf Schälchen verteilen und den Pfirsichsalat darauf hübsch anordnen. Mit Minzeblättern verzieren.

Wer eine Zabaione zum Pfirsichsalat bevorzugt, ecco la ricetta:
Eigelbe mit Zucker und Wein über einem heißen Wasserbad dickschaumig aufschlagen. Herausnehmen und über eiskaltem Wasser so lange schlagen, bis die Masse abgekühlt ist.
Eiweiß und Sahne getrennt steif schlagen und locker unter die Schaummasse ziehen.

TIPP
Wichtig ist, dass der Pfirsichsalat gut gekühlt und ausreichend lange mariniert wurde. Wenn's ganz schnell gehen soll – es schmeckt auch ein Vanilleeis dazu!

WEINEMPFEHLUNG
Genießen Sie das frühsommerliche Dessert mit dem gleichen Süßwein, mit dem Sie die Pfirsiche mariniert haben oder mit einem fruchtig-spritzigen Spumante aus dem Custoza.

WEINEMPFEHLUNG

Ein Spumante Fior d'Arancio aus den Euganeischen Hügeln ist köstlich dazu, weil das zarte Orangenaroma des Schaumweins wunderbar mit dem Riso harmoniert.

REIS-TIRAMISÙ

Die Reis-Tiramisù habe ich zum ersten Mal im Ristorante des Reisproduzenten Gabriele Ferron »**La Torre**« in Isola della Scala gegessen. Tiramisù aus Reis? Das klang irgendwie eigenwillig für mich, aber ich muss gestehen, es schmeckte fein. Gabriele ist zudem ein leidenschaftlicher Koch und kreiert die spannensten Rezepte aus seinem biologisch geernteten Reis, den er weltweit vermarktet. Traumhaft sind auch seine diversen Kekse, allesamt glutenfrei, die man in dem kleinen Laden vor dem Ristorante kaufen kann. Das Tiramisùrezept habe ich ihm entlockt und verrate es Ihnen, nachdem ich es auf normale Haushaltsmenge reduziert und nachgekocht habe.

FÜR 8 PERSONEN
600 ml Milch
1 Prise Salz
1 Stückchen unbehandelte Zitronenschale
100 g Risottoreis (Vialone Nano)
4 Blatt weiße Gelatine
3 Eigelbe
4 EL Zucker
250 g Mascarpone
abgeriebene Schale ½ unbehandelten Orange
¼ l Sahne
3 Eiweiße
ca. 150 g Löffelbiskuits
ca. 100 ml Espresso
4 cl Grand Marnier

AUSSERDEM
Kakao zum Bestäuben

500 ml Milch mit Salz und Zitronenschale zum Kochen bringen. Den Reis dazugeben und in etwa 20 Minuten bei schwacher Hitze unter gelegentlichem Umrühren garen.

Die restliche Milch erwärmen. Gelatine in reichlich kaltem Wasser einweichen. Eigelb mit 3 EL Zucker und der Milch über dem Wasserbad dickschaumig schlagen und dabei die gut ausgedrückten Gelatineblätter darin auflösen. Von der Kochstelle nehmen, den Reis und die abgeriebene Orangenschale unterrühren und die Masse sehr gut abkühlen lassen.

Die Sahne und in einer zweiten Schüssel die Eiweiße mit dem restlichen Zucker steif schlagen.

Den Mascarpone unter die Reiscreme rühren und das Eiweiß sowie die Sahne gleichmäßig unterziehen.

Eine rechteckige oder ovale Auflaufform mit der Hälfte der Löffelbiskuits belegen und mit der Hälfte der Mischung aus Espresso und Grand Marnier beträufeln. Die Hälfte der Reismasse darauf verteilen, glatt streichen und mit den restlichen Löffelbiskuits bedecken. Mit der restlichen Espressomischung begießen und mit der restlichen Reiscreme bedecken, glatt streichen und mindestens 5 bis 6 Stunden kalt stellen.

Vor dem Servieren dick mit Kakao bestäuben.

TIPP
Im Ristorante »La Torre« wird der Espresso für die Reis-Tiramisù mit Sambucca parfümiert. Ich persönlich mag die frische Variante mit Grand Marnier und Orangenschale noch lieber.

ESPERANZA – EINE KREATION VON GIANCARLO PERBELLINI

Das ist die esquisite Abwandlung einer Tiramisù des veronesischen Sternekochs Giancarlo Perbellini und seines *pasticciere* Pascal Piermattel. Das Rezept erfordert schon ein wenig Mühe und deshalb empfehle ich jedem, der vor Ort ist, sie einfach dort genüsslich zu verspeisen. Dennoch – für alle leidenschaflichen Hobby-Konditoren – hier sein Rezept, ein wenig vereinfacht.

FÜR DIE SCHOKOLADENCREME

200 g Eiweiß
60 g Zucker
150 ml Sahne
300 g Schckolade (66 % Kakao)
60 g Eigelb

FÜR DIE NUSSCREME

3 Eigelbe
¼ l Milch
75 g Zucker
6 g Gelatine
100 g Nusscreme
250 g geschlagene Sahne

AUSSERDEM

einige Biscotti (Löffelbiskuits)
ca. 6 cl starker Espresso

FÜR DIE GLASUR

¼ l Sahne
250 g Schokolade
50 g Glukose

Für die Schokoladencreme die Eiweiße schaumig schlagen, den Zucker unter ständigem Schlagen hinzufügen und über einem Wasserbad zu einer kompakten Baisermasse schlagen.

Die Sahne zum Kochen bringen, dann die Schokolade in kleinen Stücken darin auflösen und von der Kochstelle nehmen. Etwas abkühlen lassen, dann die Eigelb unterrühren und zum Schluss die Baisercreme.

Für die Nusscreme die Eigelb mit der Milch und dem Zucker über einem Wasserbad dickschaumig aufschlagen. Die in kaltem Wasser eingeweichte und aufgelöste Gelatine darin auflösen und die Nusscreme unterrühren. Sobald die Masse etwas abgekühlt ist, die Sahne unterziehen.

In kreisförmige Ringe dicht nebeneinander die in Espresso getauchten Biscotti schichten. Mit der Nusscreme bedecken und im Kühlschrank erstarren lassen. Dann die Schokoladencreme darauf verteilen und erneut kalt stellen.

Für die Glasur bringt Signor Perbellini die Sahne zum Kochen und fügt dann die in Stücke gebrochene Schokolade und die Glukose zu. Etwas abkühlen lassen.

Törtchen aus den Ringen lösen und mit der Glasur überziehen.

TIPP

Einfacher für Nichtprofis ist es, wenn man die fertigen Törtchen mit einer sehr guten fertigen Kuvertüre überzieht.

APFELSTRUDEL

Ohne Zweifel – die besten Apfelstrudel gibt es in Österreich und in Bayern. Daher staunte ich nicht schlecht, als mir vor langer Zeit im Trentino ein Stück Apfelstrudel angeboten wurde. Und ich erfuhr, dass Strudel im Trentino überaus beliebt ist, wenn er auch nur wenig mit dem unvergesslichen Apfelstrudel meiner Mama zu tun hat! Im Trentino nimmt man vorwiegend Blätter- oder Mürbteig, um die heimischen Äpfel zu umhüllen. Hier mein persönliches, bayrisch angehauchtes Apfelstrudelrezept, aber gefüllt mit Trentiner Äpfeln und mit in feinster Grappa marinierten Rosinen …

FÜR DEN STRUDELTEIG

250 g Mehl, am besten Wiener Grießler
1 Prise Salz
1 Eigelb
1 EL neutrales Öl
ca. ⅛ l lauwarmes Wasser

FÜR DIE FÜLLUNG

1,5 kg aromatische Trentiner Äpfel
Saft von 1 Zitrone
80 g Rosinen, 4 cl Grappa
50 g Mandelstifte
2 EL Vanillezucker
1 TL gemahlener Zimt
150 g zerlassene Butter
2 EL frisch geriebene Weißbrotbrösel

AUSSERDEM

Puderzucker zum Bestäuben

Das Mehl auf ein Backbrett häufen, Salz darüberstreuen, in die Mitte eine Mulde drücken und Eigelb, Öl und Wasser hineingeben. Mit einer Gabel verrühren und mit möglichst warmen Händen zu einem glatten, leicht glänzenden Teig verkneten. Den Teig mit Öl bepinseln und eine angewärmte Metallschüssel darüberstülpen. 30 Minuten ruhen lassen.

Äpfel schälen, vierteln, entkernen und in feine Scheiben schneiden. Mit Zitronensaft vermischen. Die Rosinen mit Grappa begießen, etwa 15 Minuten marinieren, dann mit den Mandelstiften, Vanillezucker und Zimt unter die Äpfel mischen. 30 g Butter in einer Pfanne erhitzen und die Weißbrotbrösel darin goldbraun rösten. Den Ofen auf 200 °C vorheizen.

Den Teig auf einem bemehlten Küchentuch mit dem Nudelholz ausrollen, dann über den Handrücken hauchdünn ausziehen. Die Teigplatte mit 70 g flüssiger Butter bestreichen. Die Weißbrotbrösel daraufstreuen, die Apfelmischung gleichmäßig darauf verteilen und mithilfe des Tuches aufrollen. Die beiden Enden gut festdrücken, den Strudel auf ein gefettetes Backblech gleiten lassen und mit der restlichen Butter bestreichen. Im heißen Ofen in etwa 40 Minuten goldbraun backen, dabei immer wieder mit flüssiger Butter bestreichen. Mit Puderzucker bestreut leicht abgekühlt genießen.

TIPP

Man kann die Füllung auch mit dünn ausgerolltem Blätterteig umhüllen oder wie auf dem Foto mit Mürbeteig.
Das Tüpfelchen auf dem »i« ist natürlich, wenn man Schlagsahne dazu reicht.

TORTA DELLA ROSE

ROSENTORTE

Der Duft des feinen Hefekuchens ist unglaublich verlockend und bei Paolo Bazzoli, in der »**Trattoria Luisa**« in Peschiera, kann man das öfter »live« erleben. Denn dieser Kuchen ist ein fester Bestandteil seines kulinarischen Repertoires. Nicht zuletzt deshalb, weil er einer der beliebtesten Kuchen in und um Verona ist. Das Nachbacken lohnt sich, denn es ist ein Hochgenuss. Danke für das Rezept, lieber Paolo.

50 g Hefe
40 ml Wasser
40 ml Milch
370 g Mehl
40 ml Olivenöl
4 Eigelbe
90 g Zucker
abgeriebene Schale
1 unbehandelten Zitrone
1 Prise Salz

AUSSERDEM

100 g Butter
150 g Zucker
Puderzucker zum Bestäuben

Hefe in eine kleine Schüssel geben. Mit etwa 30 °C warmem Wasser und Milch verquirlen und 70 g Mehl unterrühren bis eine cremige Masse entsteht. 30 bis 40 Minuten bei Zimmertemperatur ruhen lassen, bis sich die Mischung verdreifacht hat.

Das restliche Mehl mit den übrigen Zutaten in einer Schüssel vermischen. Den Vorteig hinzufügen und mit den Knethaken einer Küchenmaschine zu einem glatten Teig verkneten. Dann auf einem bemehlten Küchenbrett mit möglichst warmen Händen so lange bearbeiten, bis der Teig leicht glänzt. Zu einer Kugel formen und mit einem Küchentuch bedeckt 2 bis 3 Stunden aufgehen lassen.

Den Teig nun zu einem Quadrat von 45 cm Länge, 35 cm Breite und ½ cm Dicke ausrollen. Die weiche Butter mit dem Zucker cremig rühren und diese Mischung auf die Teigplatte streichen. Die Teigplatte von der Länge her aufrollen und die Rolle in ca. 6 cm lange Stücke schneiden.

Eine Springform von 26 cm Durchmesser mit Butter ausfetten und mit Mehl bestäuben. Die Stücke mit der Schnittfläche nach oben und unten dicht nebeneinander in die Form setzen. Paolo Bazzoli setzt 7 Stücke im Kreis und eine in die Mitte. Nun erneut an einem warmen Ort etwa 3 bis 4 Stunden aufgehen lassen. Den Backofen auf 170 °C vorheizen.

Die aufgegangenen Teigstücke füllen zum Schluss die Form vollends aus. Nun in etwa 30 Minuten goldbraun backen und mit Puderzucker bestäubt auf den Tisch bringen.

TIPP

Manchmal wird zu der Butter-Zucker-Mischung der Füllung noch Zimt hinzugefügt, und wer möchte, bestäubt den feinen Kuchen mit Puderzucker.

SBRISOLONA – STREUSELKUCHEN AUS MANTOVA

Diesen knusprigen Kuchen bekommt man in Mantova in jeder Konditorei und auch in allen Lebensmittelgeschäften. Es ist *der* Traditionskuchen der Stadt. Die *sbrisolona* ist der Torta Fregoloti im Trentino sehr ähnlich. Auch dies ist ein Krümelkuchen, den man in ungleichmäßige Stücke zerbricht und am liebsten mit einem Süßwein genießt. Ich finde, je nussiger der Kuchen umso besser, deshalb mische ich auch gerne neben Mandeln Pistazien oder Pinienkerne unter den Teig.

250 g Weizenmehl
150 g Maismehl
200 g Zucker
200 g abgezogene, grob gehackte Mandeln
2 Eigelbe
200 g zimmerwarme Butter
abgeriebene Schale von ½ unbehandelten Zitrone
1 Prise Salz

AUSSERDEM

Butter und Mehl für die Form
Puderzucker zum Bestäuben

Den Backofen auf 180 °C vorheizen.

Weizen- und Maismehl, Zucker und Mandeln vermischen und auf ein Backbrett häufen. In die Mitte eine Mulde drücken und die Eigelb hineingeben. Die Butter rundherum in kleinen Stücken darüber verteilen. Zitronenschale und Salz hinzufügen und mit möglichst kalten Händen rasch alles miteinander verkrümeln.

Den Boden einer Springform von 24 cm Durchmesser mit Butter ausfetten und mit Mehl bestäuben. Den Bröselteig darin verteilen und mit den Fingern die noch eventuell vorhandenen Löcher mit dem Teig schließen. Im heißen Backofen in etwa 60 Minuten goldbraun und knusprig backen.

Abkühlen lassen und mit Puderzucker bestäuben.

TIPP

Der in und um Mantua so beliebte Kuchen wird nicht in Stücke geschnitten, was auch nicht möglich wäre, sondern in Stückchen gebrochen. Daher auch der Name, der Brösel bedeutet.

WEINEMPFEHLUNG

Dazu trinkt man dann gerne ein Gläschen Süßwein, sei es ein lieblicher Lambrusco oder ein Dessertwein aus der Moscatotraube. Im Trentino gibt es zur Torta Fregoloti einen Vin Santo.

ZITRONEN

Riviera dei Limoni heißt die Westküste zu Recht. Auch wenn die mildfruchtigen Zitronen heute keine wirtschaftliche Bedeutung mehr haben, köstlich sind sie allemal.

Riviera dei Limoni
Limoncello del Lago di Garda
LIQUORE
con infusione delle bucce di Limoni
Prodotto ed imbottigliato da:
Karin Steinbacher
nel laboratorio artigianale:
in Via Caduti, 23
Gardone Riviera (Bs)
Lago di Garda Italia
IT00BSX
LIC. 004851
L. 22229
Ingredienti: Alcool idrato, Zucchero,
Infuso di Scorze di Limoni
50 cl e
38% vol.
NON DISPERDERE IL VETRO NELL'AMBIENTE

DAS LAND, WO DIE ZITRONEN

BLÜHN ...

ZITRONEN & CO.

Goethe schrieb von dem »Land, wo die Zitronen blühn« und meinte die Westküste des Gardasees, die immer noch liebevoll »Riviera dei Limoni« genannt wird, weil hier schmackhafte und saftige Zitronen bestens gedeihen. Bis Anfang des 20. Jahrhunderts waren die *limoni* vom Gardasee in Europa überaus gefragt, bis 1928 die meisten Zitronenbäume, trotz schützender *limonaia*, erfroren. Heute sind die Gardasee-Zitronen für den internationalen Markt nicht mehr interessant: Die Pflege der Zitronenbäume und der Limonaien, die sie im Winter vor Kälte schützen, ist wesentlich kostspieliger als der Transport der Früchte von Sizilien oder Spanien in alle Teile der Welt.

Dennoch gedeihen die Zitronen nach wie vor prächtig am Gardasee, wenn auch die meisten der alten Limonengewächshäuser an der Steilküste heute für schicke Ferienhäuser zweckentfremdet wurden. Dennoch stehen auch heute noch in fast allen Gärten die schönen Zitronen-, Orangen- oder Pomeranzenbäume und tragen üppig gleichzeitig Blüten und Früchte.

Wer das Glück hat, ein Haus mit Garten zu besitzen, freut sich über die wirklich sensationell mild-aromatischen, saftigen Zitrusfrüchte.

SONNE IM GLAS
LIMONCELLO DELLA RIVIERA DEI LIMONI

Und es liegt auf der Hand, dass bei dieser langen Zitrustradition auch raffinierte Rezepte entstanden sind. Neben zart bitteren Marmeladen aus Pomeranzen oder Limonen ist es vor allem der Limoncello! Man bekommt ihn zum Abschluss eines Menüs auf Eiswürfeln serviert und es ist sicherlich eines der beliebtesten Mitbringsel vom Gardasee. Limoncello kommt zwar ursprünglich aus Neapel, wird aber seit vielen Jahren auch aus reifen *limoni* des Gardasees hergestellt. Dazu werden die Schalen zuerst einige Wochen in Alkohol eingelegt und anschließend mit einer Zuckerlösung vermischt. Nach einer Reifezeit in der Flasche kann man sich das süßsäuerliche Getränk, am besten eisgekühlt, schmecken lassen.

WO ES WIRKLICH HAUSGEMACHTEN LIMONCELLO GIBT? SIEHE EINKAUFSTIPPS SEITE 299

TORTA ALL'UVA

TRAUBENKUCHEN

Das ist der Lieblingskuchen im Herbst von Erica, der Fotografin des Buches, den ihre Mutter Carlotta mehrmals pro Woche, sehr zur Freude der ganzen Familie, zubereitet. Ich kam gerade mal rechtzeitig als der Kuchen im Backofen war und alleine schon der Duft, der beim Backen durch das Haus strömte, verlockte zum Naschen …

300 g weiße Trauben
200 g blaue Trauben
200 g Mehl
120 g Zucker
40 g Hefe
3 Eier
120 g weiche Butter

AUSSERDEM
Puderzucker zum Bestäuben

Die Trauben entbeeren. Die Beeren waschen, abtropfen lassen, halbieren und die Kerne entfernen.

Mehl und Zucker in einer Schüssel vermischen. Die Hefe zerbröseln und mit den Eiern und der weichen Butter hinzufügen und sorgfältig zu einem glatten Teig verrühren. Zum Schluss die Trauben untermischen.

Den Backofen auf 180 °C vorheizen.

Eine Springform von 24 cm Durchmesser mit Butter ausfetten und mit Mehl bestäuben. Den Teig hineingeben, die Oberfläche glatt streichen und in etwa 40 Minuten goldgelb backen.

Abkühlen lassen und mit Puderzucker bestäuben.

TIPP
Am besten schmeckt der Kuchen lauwarm mit Schlagsahne. Je aromatischer die Trauben, umso besser der Kuchen. Gut eignen sich dafür auch die kleinen Muskatellertrauben, die man dann im Ganzen unter den Teig mischt.

WEINEMPFEHLUNG
Mit einem Gläschen Moscato Giallo oder Rosso – je nach Vorlieben – schmeckt der saftige Kuchen doppelt so gut. Und natürlich auch zu Kaffee.

TIPP

Da es bei uns schwierig ist, Giuggiole zu bekommen, der Kuchen schmeckt auch, wenn man stattdessen Kaki verwendet …
Das Grappaeis kann man anstelle mit einem Apfel auch mit einer klein geschnittenen Birne zubereiten.

CHISÒL CON GELATO ALLA GRAPPA E BRODO DI GIUGGIOLE

CHISÒL MIT GRAPPAEIS UND GIUGGIOLESAFT

Das Rezept habe ich von der Trattoria »**La Pepola**« in Calvagese. Dort kochen Mamma und *figlio* sehr kreativ, dem modernen Zeitgeist angepasst, aber auf Basis traditioneller Gerichte. Dieses Rezept ist zum Beispiel ein uraltes, fast in Vergessenheit geratenes Rezept aus Desenzano. *Giuggiole* sind olivengroße Früchte, mit einer dunkelbraunen, ins rötliche gehenden Schale und einem Kern in der Mitte. Es ist eine Frucht, die man im Veneto und in der Lombardia auch nur noch selten findet. Ich habe sie dieses Jahr zum ersten Mal verkostet und ihr Geschmack erinnerte mich an sehr reife Äpfel. Der Strauch an dem die kleinen Früchte gedeihen gehört zur Gattung der Kreuzdorngewächse und heißt in der Fachsprache Jujuba. Hierzulande sagt man, wenn man jemand aus dem Häuschen bringen möchte: *andare in brodo di giuggiole …*

FÜR DEN KUCHEN

100 g Butter
100 g Zucker
1 Prise Salz
abgeriebene Schale von 1 unbehandelten Zitrone
1 Ei
20 g Hefe
2 EL Milch
250 g Mehl

FÜR DEN GIUGGIOLESAFT

500 g reife Giuggiole
400 g Zucker
500 g Früchte (getrocknete Pflaumen, Weintrauben und Birnen)
Schale von 1 unbehandelten Zitrone
1 l Wasser
½ l Rotwein
2 Gewürznelken

FÜR DAS GRAPPAEIS

1 Apfel
50 g Zucker
3 cl Grappa
Saft von ½ Zitrone
150 ml Wasser
70 ml flüssige Sahne

Den Ofen auf 160° C vorheizen. Butter und Zucker mit den Schneebesen einer Küchenmaschine cremig rühren, dann nach und nach die restlichen Zutaten unterrühren. Den weichen Teig in eine gefettete Ring-Backform füllen, mit etwas Zucker bestreuen und im Ofen gut 30 Minuten backen.

Die Giuggiole entkernen, in einen Topf geben, den Zucker dazugeben und unter gelegentlichem Umrühren offen 1 Stunde köcheln lassen. Die getrockneten Früchte in kleine Stücke schneiden und mit den übrigen Zutaten zu den Giuggiole geben. Weiterkochen lassen, bis ein dickflüssiger Sirup entsteht.

Für das Grappaeis den geschälten und in kleine Stücke geschnittenen Apfel mit Zucker, Grappa und Zitronensaft etwa eine Stunde marinieren.

Mit einem Stabmixer pürieren, durch ein Sieb passieren und dann die Sahne unterrühren. In eine Eismaschine geben und gefrieren lassen.

Den Kuchen in Stücke schneiden und mit einer Kugel Eis und dem Giuggiolesaft anrichten.

TERRINA DI CIOCCOLATO [SALAME DI CIOCCOLATO]

SCHOKOLADENTERRINE

Die *salame di cioccolato* sieht man im Veneto in fast jeder guten *pasticceria* und sie ist hier sehr beliebt. Aber woher bekomme ich ein Rezept? Da fiel mir Andrea von »**Le Gemme di Artemisia**« ein, da ich weiß, dass er ein absoluter Schokoladenkenner ist, könnte er mir weiterhelfen. Denn, je besser die verwendete Schokolade umso besser das sündige *dolce*. Hier nun die Variante von Andrea Messini, die er gerne auch in seinem Ristorante in Albisano seinen Gästen offeriert. Er nennt seine Leckerei *terrina di cioccolato* – und jede Kalorie ist vom Feinsten.

500 g trockene Biscotti
100 g weiche Butter
200 g zerlassene, feinste Bitterschokolade
200 g dunkler Kakao
100 g Zucker
1 Gläschen Marsala
1 TL Maraschinolikör

Die Biscotti grob hacken. Die Butter mit den übrigen Zutaten zu einer glatten Masse verrühren und die Biscotti untermischen.

In eine schmale rechteckige Terrinenform füllen und mindestens über Nacht im Kühlschrank fest werden lassen.

Vor dem Servieren mit einem in heißes Wasser getauchten Messer in Scheiben schneiden und entweder auf flüssiger Schokolade oder mit Schlagsahne servieren.

TIPP
Man kann die Schokoladenmasse natürlich auch zu einer Salame formen, mit Sichtfolie gut umhüllen und im Kühlschrank erstarren lassen.

WEINEMPFEHLUNG
Eine köstliche Begleitung zu einem starken Espresso, am besten parfümiert mit einer guten Grappa!

MILLEFOGLIE STRACHIN DI GIANCARLO PERBELLINI

TAUSENDBLÄTTERTORTE VON GIANCARLO PERBELLINI

Ich gebe es zu: Das ist mein absolut liebster Kuchen oder Dessert – wie immer man es nennen will! Ich nehme dafür gerne über 50 Kilometer Fahrt in Kauf, um mir in der »**Pasticceria Perbellini**«, in Isola Rizza, diesen knusprigen Traum mit der feinen Creme zu kaufen. Früher musste ich bis Bovolone, in die *pasticceria* von Giancarlos Vater und Onkel, aber seit einigen Jahren gibt es einen schicken Laden mit allen Verlockungen von Perbellini, direkt neben dem Sternerestaurant. Dort kauft man dann die *millefoglie* vom Stück, das heißt: Mit einem großen Sägemesser wird die verlangte Größe von einer großen rechteckigen Millefoglieplatte, ich schätze mal von 70 auf 50 cm, abgeschnitten und dann so verpackt, dass das zarte Gebilde nicht zerbricht. Ich habe die Fahrt dorthin noch nie bereut!

400 g besten Blätterteig

FÜR DIE CREME

60 g Eigelb
90 g Zucker
30 g Butter
1 Msp. Speisestärke
ausgekratztes Mark von ½ Vanilleschote
120 g Eiweiß
30 g Zucker

AUSSERDEM

Amaretti-Brösel zum Wenden
Puderzucker zum Bestäuben

Den Backofen auf 200 °C vorheizen. Den Blätterteig etwa 3 mm dick ausrollen, dann Kreise im Durchmesser von 8 cm ausstechen. Auf ein mit Backpapier ausgelegtes Backblech legen und im heißen Ofen in etwa 10 Minuten goldbraun und knusprig backen.

Für die Creme die Eigelb mit Zucker über einem Wasserbad mit 84 °C dickschaumig schlagen, dabei die Butter, Speisestärke und die Vanilleschoten hinzufügen. Die Creme abkühlen lassen.

In der Zwischenzeit die Eiweiß steif schlagen, den Zucker einrieseln lassen und über dem Wasserbad zu einer baiserartigen Masse aufschlagen.

Vor dem Servieren die Eicreme mit der Baisermasse vermischen und jeweils zwischen zwei gebackene Blätterteigscheiben streichen. Den Cremerand in den zerbröselten Amaretti wenden und die Oberfläche mit Puderzucker bestäuben.

TIPP

Signor Perbellini hat mir auch sein Blätterteigrezept verraten, aber da es wirklich schwierig ist, das so gut hinzukriegen, habe ich Ihnen die aufwändige Prozedur erspart!

WEINEMPFEHLUNG

Dazu ein Rosé Brut von Costaripa und ich fühle mich wie im siebten kulinarischen Himmel!

KÄSE

Entlang des Seeufers gedeihen Palmen, und auf den Hochalmen über dem See grasen glückliche Kühe und Ziegen. Sie liefern gesunde Milch, die in kleinen Käsereien zu aromatischen Käsesorten verarbeitet wird.

KÄSE

VIELFÄLTIG WIE DIE LANDSCHAFTEN

Das hügelige Hinterland um den Gardasee ist nicht nur gesegnet mit sehr guten Weinlagen, sondern auch, ein wenig höher gelegen, mit fruchtbarem Weideland: ideale Voraussetzungen für aromatische Käsesorten.
Neben der kleinen Auswahl der bekanntesten Käsesorten, die ich Ihnen vorstelle, gibt es noch viele weitere feine Käsesorten, die in kleinen Käsereien hergestellt werden. Insbesondere Ziegenkäse erobert immer mehr die Gaumen der Genießer rund um den Lago. Und dann gibt es in Goito, zwischen dem Gardasee und Mantua gelegen, einen landwirtschaftlichen Betrieb mit über 400 Büffeln und einer eigenen kleinen Käserei. Und das bedeutet: Hier wird feinste aromatische Mozzarella in allen Variationen und zudem Burrata und Ricotta erzeugt.

TRENTINO – PUZZONE DI MOENA

Moena liegt im Fassatal, ein Dolomitental im Trentino. Und obwohl das natürlich nicht direkt am Gardasee liegt, den würzigen halbfesten Schnittkäse bekommt man im Trentino überall. Das Geheimnis des Puzzone liegt in seiner Reifung. Während der ersten zwei Monate wird der Käselaib wöchentlich mit einer speziellen Salzlösung abgewaschen. Die durchschnittliche Reifezeit in feuchten Kellern liegt bei sechs bis sieben Monaten, manchmal auch wesentlich länger. Gerne werden die im Trentino beliebten *tortel di patate* (Kartoffelpuffer) mit diesem Käse überbacken! Man nimmt ihn aber auch gerne zum Würzen der beliebten *canederli* (Knödel) oder genießt ihn einfach pur!

TRENTINGRANA

Dieser würzige Hartkäse ist ein Pendant zum Parmigiano Reggiano und Grana Padano, das heißt die Herstellungsmethode ist ähnlich, lediglich die Rohmilch muss in diesem Fall aus genau vorgeschriebenen hochalpinen Gebieten im Trentino stammen. Die 40 Kilo schweren Käse haben eine Mindestreifezeit von 18 Monaten, häufig auch bis 24 Monate.
Trentingrana wird als Würze über Pasta gerieben, fein gehobelt über Salate verteilt oder einfach nur in grobe Stücke zerteilt zum Aperitivo oder für den kleinen Hunger zwischendurch gereicht.

KÄSE

VENETO – MONTE VERONESE DOP

Auf den Hochebenen der Lessinia, in der Provinz Verona, wird seit dem 11. Jahrhundert Käse hergestellt. Die Zimbern waren es, die hier die Käsekultur einführten und heute ist dieser Käse sicherlich der beliebteste Käse in und um Verona. Die Kühe, die die Milch für diesen aromatischen Käse liefern, grasen auf den saftigen Kräuterwiesen der Lessinia. Der Monte Veronese DOP umfasst derzeit 13 kleine oder mittlere Käsereien, wohin 500 Bauern ihre Milch liefern. Das Gebiet für die Herstellung des feinen Käses ist genau festgelegt.

Monte Veronese wird in drei verschiedenen Reifegraden (von 2 bis 24 Monaten) angeboten und dementsprechend unterschiedlich ist die Verwendung. Der junge halbfeste Schnittkäse, schmeckt köstlich milchig und man reicht ihn gerne zum Aperitivo, der etwas festere Käse wird zum Überbacken genommen und lange gereifter Monte Veronese würzt Risotti oder Pastagerichte. Alle drei Käsetypen werden aber auch einfach nur so, mit einer Mostarda, zum Abschluss eines Menüs gereicht.

LOMBARDIA – BAGOSS

Dieser Käse erobert seit einigen Jahren die Gaumen der Feinschmecker, bislang vor allem auf der lombardischen Seite des Gardasees, aber vereinzelt bekommt man den würzigen Hartkäse auch schon in gut geführten Käse-Fachgeschäften außerhalb der Region.

Der Name ist dialektisch und bedeutet »von Bagolino«, das ist ein kleines Dorf im Valle del Caffaro, in der Provinz Brescia. Das Geheimnis des Käses ist zum einen die würzige Rohmilch, aus der er hergestellt wird, zum anderen die spezielle Kuhrasse, die diese Milch liefert. Hinzu kommt, dass der etwa 15 Kilo schwere Käselaib während der Reifezeit immer wieder mit Leinöl eingeschmiert wird und nicht zuletzt spielt natürlich auch die Länge der Reifezeit eine wichtige Rolle.

Der Hartkäse kommt mit einer Reifezeit von 6 bis 24 Monaten und mehr auf den Markt. Der goldgelbe Käse wird gerne zum Würzen, der in der Lombardia so beliebten Polenta, verwendet, schmeckt aber auch solo köstlich.

DIE ADRESSEN DER LÄDEN, WO MAN KÖSTLICHEN KÄSE KAUFEN KANN, FINDEN SIE AUF SEITE 295-299.

GENUSS-LÄDEN

Italienische Hausfrauen können sich glücklich schätzen, denn hier gibt es sie noch, die familiären Läden, die Wert auf hochwertige Lebensmittel legen.

CORTE del TIPICO

ENTDECKENSWERTE GENUSSLÄDEN

Gut essen und trinken hat bei unseren südlichen Nachbarn seit jeher einen sehr hohen Stellenwert. Gespart wird eher an der Einrichtung oder am Auto, aber niemals an Lebensmitteln, denn die sind, wie das Wort schon sagt »die Mittel fürs Leben«. Man geht zu einem Bäcker, Metzger, Nudelmacher oder Konditor des Vertrauens und das seit ewigen Zeiten. Ob im Trentino, Veneto oder in der Lombardei, überall findet man daher traditionsreiche Feinkostläden, oftmals versteckt, abseits der ausgetretenen Touristenpfade. Hier ein kleiner Vorgeschmack.

TRENTINO

GRADO 12
Largo Carducci 12
Trento
Tel.: +39 0461 98 24 96
In Trento sollte man nicht versäumen, im hübschen Laden »Grado 12« ein wenig zu verweilen, vor allem wenn man Weinliebhaber ist. 1200 Weine und an die 200 Destillate machen die Kaufentscheidung nicht gerade leicht. Außerdem gibt es eine enorme Auswahl bester Olivenöle, Pasta von kleinen Produzenten, extrafeine Marmeladen, Mostarde und vieles mehr was Genießer begeistert.

CASA DEL CAFFÈ
Via San Piero 38
Trento
Tel.: +39 0461 98 5104
In dem kleinen Laden mit der einladenden Caffèbar kann man frisch gerösteten Espresso kaufen und natürlich auch sofort, perfekt zubereitet, genießen.

AGRIRIVA
Via S. Nazzaro 4
Riva
Tel.: +39 0464 55 21 33 / www.agririva.it
Am Stadtrand von Riva del Garda liegt eine der modernsten Kellereien und Ölmühlen Norditaliens. Urlauber und Einheimische können im modernen Verkaufsladen nicht nur die Weine und die stets hoch bewerteten Olivenöle kaufen, sondern auch vieles mehr, was im Trentino an schmackhaften Lebensmitteln hergestellt wird.

SPECIALITÀ ALIMENTARI FINAROLLI
Via Mercerie 7/9
Rovereto
Tel.: +39 0464 43 43 19
Das Städtchen Rovereto ist Kunstkennern vor allem wegen des Museo di arte moderna »Mart« ein Begriff, Genießer kennen darüber hinaus auch den charmanten Laden von Paolo und Gianni in der Via Mercerie 7/9. Weine der Region, aromatische Salami oder Schinkenspezialitäten und vor allem köstliche heimische Käsesorten: hier werden Feinschmecker fündig.

EXQUISITA DI WALTER TOMIO
Via F.lli Fontana 10
Rovereto
Tel.: +39 0464 420757 / www.exquisita.it
Sie lieben hochwertige Schokolade? Dann besuchen Sie die traditionelle Produktionsstätte »Exquisita« in der Altstadt von Rovereto. Nur hochwertigste Rohstoffe werden hier zu wahrlich exquisiten Verlockungen verarbeitet. Neben feinster Schokolade, gibt es auch unwiderstehliche *panettoni*, *colombe* und *pandori*, köstliche *confetture* und vieles mehr, was Süßschnäbel begeistert.

Veneto

GIANNI MAGOSSO
Via Vertua 27
Dossobuono (VR)
Tel.: +39 045 51 34 92 / www.magosso.com
Man würde als Tourist nicht unbedingt nach Dossobuono fahren, aber für Genießer lohnt es sich, die paar Minuten vom Flughafen Verona zum Laden von Gianni Magosso in Kauf zu nehmen. Gemüse und Früchte sind so einladend vor der Tür aufgebaut, dass man Vegetarier werden möchte. Drinnen besinnt man sich rasch anders. Alles was ein Genießerherz höher schlagen lässt, findet man in dem, mit Köstlichkeiten voll gefüllten Laden, nicht zuletzt auch edle Weine aus ganz Italien und sicherlich die größte Auswahl an Champagner in ganz Verona. Und falls man nach dem Einkauf Hunger bekommen hat, unweit davon ist das Ristorante »Cavour«, wo es den besten »Bollito misto« weit und breit gibt.

PASTICCERIA PERBELLINI
Via Muselle 30
Isola Rizza (VR)
Tel.: +39 045 7 13 58 99 / www.perbellini.com
»Perbellini« kennen die Feinschmecker als Zwei-Sterne-Restaurant, aber da gibt es zudem, gleich neben dem Gourmettempel, die »Pasticceria Perbellini« – ein Schlaraffenland für alle Naschkatzen. Die Veroneser pilgern dorthin, um die unvergleichlich gute *millefoglie*, die einzigartige *offella* (die Urform der Panettone) und all die anderen feinen Kuchen, Törtchen und Gebäck dort zu kaufen, die der Vater von Giancarlo Perbellini in seiner traditionsreichen Pasticceria in Bovolone zubereitet.

PASTICCERIA FLEGO
Via Stella 13/A
Verona (VR)
Tel.: +39 045 8 03 24 71
Lust auf verführerische Kuchen und Törtchen? Dann ist die »Pasticceria Flego« in Verona genau das Richtige. Selbst wenn man kein Süßschnabel ist, hier kann kaum einer widerstehen. Kuchen, Törtchen und Gebäck vom Allerfeinsten und das seit 1947 in gleich bleibender Qualität!

I SAPORI DEL PORTICO
Via S. Fancesco 48
Arbizzano – Negrar di Valpolicella (VR)
Tel.: +39 045 7 51 30 03 /www.saporidelportico.com
Für Käseliebhaber ist der Laden von Giuseppe Bernardinelli in Arbizzano das *paradiso*. Versteckt in einem Ortsteil von Negrar im Valpolicella, könnte man meinen, keiner findet diesen Laden! Aber selbst Mick Jagger und Bill Gates haben das Käseeldorado entdeckt und sich eine Auswahl aus den mindestens 400 verschiedenen, optimal gereiften Käsen zusammenstellen lassen. Der Großteil der Käsesorten kommt aus Italien, und natürlich sind alle ausschließlich aus Rohmilch hergestellt! Signor Bernardelli lässt sie dann in seinen alten Steinkellern so lange reifen, bis er sie für würdig hält, seinen Kunden anzubieten. Wer Käse liebt, der darf »I sapori del Portico« nicht versäumen. Aber aufpassen, der Käseladen ist nicht gleich als solcher zu erkennen: weder von außen noch wenn man den Laden betritt!

PASTIFICIO ARTIGIANO GUIDO REMELLI
Via A. Sala 24
Valeggio sul Mincio (VR)
Tel.: +390457951630
Die feinsten Tortellini, *pasta fresca,* Lasagne und vieles, vieles mehr, was einen Nudelfreak begeistert, gibt es bei Guido Remelli – direkt vis-à-vis der Kirche von Valeggio sul Mincio! Hinzu kommen tausenderlei Köstlichkeiten, wie z. B. feinstes Olivenöl, verlockende Schokolade, köstliche Würste, aromatische Käse und eine beeindruckende Auswahl an italienischen Bieren, allesamt in schönen Flaschen abgefüllt, die Weinflaschen gleichen. Siehe auch Seite 112.

PIZZICHERIA UND PANIFICIO ZAMBIASI
Via Berengario 10 und 14
Cavaion Veronese (VR)
Tel.: +39 045 7 23 59 71 (Pizzicheria)
Im reizenden Dörfchen Cavaion, nahe Affi, kann man gleich zwei Fliegen mit einer Klappe schlagen. Da gibt es zum einen die Pizzicheria, ein gut geführter Feinkostladen, wo man Fleisch von bester Qualität und bestens präpariert bekommt und eine ansprechende Auswahl feinster Käse- und Schinkensorten. Gleich daneben ist der »Panificio Zambiasi«. Der leidenschaftliche Bäcker entwickelt immer wieder neue Brotsorten, viele auf Vollkornbasis, und das ist nicht gerade alltäglich in Italien.

PERBELLINI

PANDORO
RINOMATA OFFELLERIA
PERBELLINI
dal 1900 in Bovolone
PERBELLINI

KARIN
STEINBACHER
Laboratorio Artigianale
GARDONE RIVIERA (Bs)
Lago di Garda
Tel. e Fax 0365 72462
Cell. 338 5055915

DOP
Olio
Extravergine
di Oliva

VENETO

MUSEO DELL' OLIO D'OLIVA
Via Peschiera 54
Cisano (VR)
www.museum.it
Das Ölmuseum ist eine beliebte Anlaufstelle für Touristen, um etwas über die Geschichte der Olivenölproduktion zu erfahren. Im Verkaufsraum gibt es neben verschiedenen Olivenölen auch Kosmetika, Gebrauchsgegenstände aus dem Holz der Olivenbäume sowie eingelegtes Gemüse, Essige und vieles mehr.

LOMBARDIA

KARIN STEINBACHER
Via Caduti 23
Gardone Riveria (BS)
Tel.: +39 0365 7 24 62
Vis-à-vis vom Eingang ins Vittoriale hat Karin Steinbacher ihren liebevoll gestalteten Miniladen, wo sie ihre selbst gemachte, überaus köstliche Pomeranzenmarmelade und ihren wirklich leckeren Limoncello verkauft.

PASTICCERIA VASSALLI
Via San Carlo 86
Salò (BS)
Tel.: +39 0365 2 07 52 / www.pasticceria-vassalli.it
Alle verführerischen Leckereien rund um die Zitrusfrüchte der Riviera dei Limoni sowie sensationelle Kuchen, Torten, Gebäck und Pralinen findet man in der traditionsreichen »Pasticceria Vassalli« im Herzen von Salò. Superlecker, die mit bester Schokolade umhüllten Orangenstreifen und natürlich die *bacetti di Salò!*

MERCATO COPERTO DEL FORMAGGIO
Vai Molino 3
Garvardo (BS)
Tel.: +39 0365 3 11 10
Von Salò ist es nur ein knappes Viertelstündchen zum Käseladen *Mercato coperto del formaggio* in Garvardo. In der ganzen Region besser bekannt als Enricos Käseladen. Der sympathische Enrico ist vor allem Spezialist für »Bagoss«, den heimischen Bergkäse, den man bei ihm aus verschiedenen »Jahrgängen« verkosten und kaufen kann. Köstlich auch die diversen Parmigiano Reggiano und Robiolakäse, *naturalmente* alle aus Rohmilch von kleinen Produzenten hergestellt.

AZIENDA AGRICOLA MANESTRINI
Via Avanzi 7
Soiano del Lago (BS)
Tel.: +39 0365 50 22 31 / www.manestrini.it
Olivenmühlen gibt es viele rund um den Gardasee, aber bei Manestrini bietet ein ansprechender Verkaufsladen nicht nur die Möglichkeit das aromatische, flüssige Gold zu kaufen, sondern auch viele Produkte daraus, wie z. B. Kosmetik und dazu viel typisch Köstliches aus der Lombardia.

CAFFÈ MARTINI LA BOTTEGA
Via Chiesa 34
Padenghe (BS)
Tel.: +39 377 186 67 21 / www.caffemartini.eu
In der Bottega des Cafés bietet die profunde Kaffeekennerin Anita den Kunden die Möglichkeit auch sortenreine Kaffees zu verkosten. Ein spannendes Erlebnis für alle Kaffeeliebhaber, die gerne ein wenig mehr über Sorten und schonende Röstung erfahren möchten. Anschließend kann man sich seine ganz persönliche Kaffeemischung zusammenstellen lassen.

AZIENDA AGRICOLA »LA VALLE S.R.L.«
Strada Torre – Corte Merlesco 234
Goito (MN)
Tel.: +39 0376 68 69 53 / www.oasidelmincio.com
Fährt man von Peschiera über Alto Mantovana nach Goito, sollte man nicht versäumen bei der »Azienda Agricola Oasi del Mincio« vorbeizuschauen. Dort kann man nicht nur 400 Büffel bestaunen, sondern im Hofladen tagesfrische Mozzarella, Burrata, Ricotta und auch Büffelfleisch oder -würste kaufen. Montag bis Freitag von 9–13 Uhr und von 15–19 Uhr geöffnet.

SALUMI COBELLI DI COBELLI DAVIDE E C. S.N.C.
Via M. Pagano 1 c
46040 Campagnolo di Cavriana (MN)
Tel: +39 0376 82253

FERRARI
TRENTO D.O.C.
N°Bott. 212.132

301 I

EINIGE ADRESSEN VON WINZERN

Unzählige Kellereien, Weingüter und kleine Winzerbetriebe gibt es in den Weinbauregionen rund um den Gardasee und fast alle bieten einen Direktverkauf an. Es ist daher nicht so einfach eine kleine Auswahl zu treffen, denn es gibt sehr viele weitere gute Winzer, die es lohnt zu besuchen, sei es im Trentino, Valpolicella, im Custoza, im Lugana, im Soave oder im Valtenesi. Gehen Sie auf vinophile Entdeckungsreise – denn nach einem Besuch bei einem Winzer schätzt man den Wein noch besser und versteht, weshalb ein guter Wein seinen Preis hat!

MIT DIREKTVERKAUF

TRENTINO

POJER E SANDRI
Loc. Molini 4
Faedo (TN)
Tel.: +39 0461 65 03 42 / www.pojeresandri.it
Auf der Anreise zum Gardasee (Ausfahrt San Michele) lohnt sich der kleine Abstecher zu den beiden leidenschaftlichen Winzern. Feinste Spumanti, sehr gute Weiß- und Rotweine und großartige Brände und dazu ein Superausblick!

CANTINE FERRARI
Via Ponte di Ravina 15
Trento (TN)
Tel.: +39 0461 97 23 11 / www.ferrarispumante.it
Weitläufiger Verkaufsraum, wo man nicht nur exzellente Spumanti, sondern auch die Weine von der Familie Lunelli (Besitzer der Cantine Ferrari) und edle Grappe Segnana kaufen kann. Besichtung der Spumante-Kellerei auf Anfrage möglich!

LETRARI
Via Monte Baldo 13/15
Rovereto (TN)
Tel.: +39 0464 48 02 00 / www.letrari.it
Inmitten eines mediterranen Parks liegt das Weingut von Lucia Letrari. Hier gibt es fantastische Spumanti, frisch lebendige Weißweine, aber auch die kraftvollen Rotweine! Fragen Sie auch nach dem raren, sehr guten Olivenöl.

LONGARIVA
Fraz. Borgo Sacco
Via R. Zandonai 6
Rovereto (TN)
Tel.: +39 0464 43 72 00 / www.longariva.it
Marco und Rosanna Manica betreiben ein ansehnliches Weingut in Rovereto und begeistern vor allem Weingenießer, die vollmundige, körperreichere Weine bevorzugen, sei es beim Chardonnay oder bei den großartigen Rotweinen.

CANTINA ALDENO
Via Roma 76
Aldeno (TN)
Tel.: +39 0461 84 25 11 / www.cantina-aldeno.it
Seit 2010 kann man die Weine der Winzergenossenschaft in dem neu gestalteten Verkaufsraum erwerben. Eine breite Weinpalette steht zur Verfügung und das zu sehr moderaten Preisen.

AZ. AGR. ARMANDO SIMONCELLI
Via Navicello 7
Rovereto (TN)
Tel.: +39 0464 43 23 73 / www.simoncelli.it
Der sympathische Armando Simoncelli wird in der Region vor allem für seinen typischen, fleischigen Marzemino geschätzt! Aber auch sein Navesel (Merlot und Cabernet) und sein stets duftiger Pinot Bianco sind absolut einen Stopp wert.

VENETO / VALPOLICELLA

STEFANO ARCCORDINI

Loc. Pedemonte
Via Alberto Bolla 9
San Pietro in Cariano (VR) / www.accordinistefano.it

2010 wurde die neue Kellerei fertig und sie fügt sich wunderbar in die schöne Hügellandschaft ein. Ob Amarone, Recioto oder auch ihr Valpolicella, alle Weine sind charaktervoll und es gibt sie noch zu einem vernünftigen Preis.

BRIGALDARA

Fraz. San Floriano
Via Brigaldara 20
San Pietro in Cariano (VR)
Tel.: +39 045 7 70 10 55 / www.valpolicella.it/brigaldara

Bekannt ist das Weingut mit seinen 45 Hektar für seine konstante Qualität, allen voran bei den Amarone-Weinen. Nach Voranmeldung ist auch ein Besuch der Kellerei möglich.

MASI

Fraz. Gargagnago
Via Monteleone 26
Sant'Ambrogio di Valpolicella (VR) / www.masi.it

Die Weine des weltweit bekannten Weinguts kann man im hübschen Weinladen der Kellerei erwerben. Auch wenn man die Amarone- und Valpolicella-Weine von Masi überall bekommt, vor Ort macht das Einkaufen doch noch mehr Spaß.

ZYME

Via Ca'del Pipa 1
San Pietro in Cariano (VR)
Tel.: +39 045 7 70 11 08 / www.zyme.it

Celestino Gaspari ist bekannt für nicht ganz alltägliche Weine! Bekannt geworden ist er mit Harlequin und Kairos, absolute Powertropfen, und seinem fantastischen Olivenöl. Seit einiger Zeit macht er auch Amarone und einen feinen Valpolicella.

ANTOLINI

Via Prognol 22
Marano di Valpolicella (VR)
Tel.: +39 045 775 53 51 / www.antolinivini.it

Das kleine Weingut (9 Hektar) auf den Hügeln des Valpolicella betreiben die Brüder Pier, Paolo und Stefano, die stets bestrebt sind, den wahren Charakter und die Typizität der Valpolicella-Weine zu bewahren. Spannende entdeckenswerte Weine.

BARDOLINO

WEINGUT UND WEINMUSEUM ZENI

Via Costabella 9
Bardolino (VR)
Tel.: +39 045 7 21 00 22 / www.zeni.it

Nicht nur Weine in allen Preiskategorien und aus verschiedenen Gardasee-Regionen kann man im Verkaufsladen verkosten und kaufen, sondern auch die Geschichte des Weinbaus im Museum bewundern. Legendär ist die natürliche Herzlichkeit der Familie Zeni und ihres Verkaufspersonals!

LE FRAGHE

Loc. Colombare 3
Cavaion Veronese (VR)
Tel.: +39 045 7 23 68 32 / www.fraghe.it

Das Weingut von Matilde Poggi ist nur wenige Minuten von der Autobahnausfahrt Affi entfernt. La Signora macht einen herausragenden, typischen Bardolino, der Beachtung verdient und einen frisch-lebendigen Chiaretto.

CUSTOZA

CORTE GARDONI

Loc. Gardoni 5
Valeggio sul Mincio (VR)
Tel.: +39 045 7 95 03 82 / www.cortegardoni.it

»Wenn der Vater mit den Söhnen« heißt es in diesem Weingut inmitten von Feldern und Obstbäumen, nahe Valeggio. Das Credo von Gianni Piccoli und seinen drei Söhnen ist es, trinkbare Weine zu keltern, aber dennoch mit Tiefe! Das ist gelungen!

ZENI
1870
MUSEO DEL VINO
P
P

MONTE DEL FRÁ
Strada per Custoza 35
Sommacampagna (VR)
Tel.: +39 045 51 04 90 / www.montedelfra.it
Ein sympathischer Familienbetrieb, trotz der 178 Hektar Rebfläche. Hier kann man nicht nur Custozaweine vom Feinsten probieren und kaufen, sondern auch Weine aus den eigenen Weinbergen im Valpolicella und köstliches Olivenöl.

CAVALCHINA
Fraz. Custoza, Loc. Cavalchina
Via Sommacampagna 7
Sommacampagna (VR)
Tel.: +39 045 51 60 02 / www.cavalchina.com
Mittlerweile betreiben Franco und Luciano Piona gleich drei Weinbaubetriebe. Sie waren die Ersten, die die »Drei-Gläser-Auszeichnung« für den Amedeo, einen Custoza Superiore, ins Custoza geholt haben. Köstlich der ganz einfache Basiswein.

LE VIGNE DI SAN PIETRO
Via San Pietro 23
Sommacampagna (VR)
Tel.: +39 045 51 00 16 / www.levignedisanpietro.it
Romantischer kann ein Weingut nicht liegen: inmitten eines gepflegten Parks mit Traumblick auf Verona. Carlo Nerozzi, Quereinsteiger in Sachen Wein, hat nicht nur Custoza und Bardolino im Programm, sondern auch einen ausgewogenen Rosé. Derzeit ist er Präsident der Weinregion Custoza.

SOAVE

CA'RUGATE
Via Pergola 36
Montecchia di Crosara (VR)
Tel.: +39 045 617 63 28 / www.carugate.it
Nicht nur die Spitzenlagen des Weinguts, auch die Handschrift von Michele Tessari sind verantwortlich, dass viele ihrer Weine mit höchsten Auszeichnungen überhäuft werden. Ob Soave oder Valpolicella, das Einkaufen bereitet Vergnügen.

ROBERTO ANSELMI
Via San Carlo 46
Monteforte d'Alpone (VR)
Tel.: +39 045 761 14 88 / www.anselmi.it
Roberto Anselmi war einer der Ersten, der es geschafft hat, Soaveweine weltweit bekannt zu machen und sein Qualtitätsniveau über Jahrzehnte zu bewahren. Seine Weine sind dank ihrer lebhaften Aromatik und ihrer Eleganz unverkennbar.

PIEROPAN
Via Camuzzoni 3
Soave (VR)
Tel.: +39 045 619 01 71 / www.pieropan.it
Inmitten des reizenden Städtchens Soave liegt die Kellerei von Leonildo Pieropan, einer der Vorreiter für höchste Qualität in einer Region, die für Massenproduktion bekannt ist. Süffig, aber charaktervoll sein Soave Classico!

PRÀ
Via della Fontana 31
Monteforte d'Alpone (VR)
Tel.: +39 045 761 21 25 / www.vinipra.it
Graziano gehört zu den Ersten, der den Soaveweinen zu einem neuen Qualitätsimage verholfen hat. Seine Weine begeistern durch Tiefe und eine elegante Aromenvielfalt. Neu, und bereits beachtlich, sind seine Valpolicellaweine!

LUGANA / VENETO

OTTELLA
Fraz. San Benedetto di Lugana
Loc. Ottella
Peschiera del Garda (VR)
Tel.: +39 045 7 55 19 50 / www.ottella.it
Schmuckes Weingut im venetianischen Teil des Luganagebietes! Die beiden Brüder machen nicht nur anspruchsvolle Lugana-Weine, sondern auch feine Rotweine. Zum Weingut gehört ein äußerst geschmackvoller Agriturismo.

LUGANA / LOMBARDIA

TENUTA ROVEGLIA
Loc. Roveglia 1
Pozzolengo (BS)
Tel.: +39 030 91 86 63 / www.tenutaroveglia.it
Besitzer des antiken Weinguts ist die Schweizer Familie Azzoni, aber zuständig für die eleganten Weine mit sensationeller Tiefe ist Paolo Fabiano! Er versteht es, den Luganaweinen seine ganz individuelle, unverkennbare Note zu verleihen.

PROVENZA
Via die Colli Storici
Desenzano del Garda (BS)
Tel.: +39 030 9 91 00 06 / www.provenzacantine.it
Im neuen, modernen, sehr geschmackvollen Verkostungs- und Verkaufsareal der Kellerei kann man die ganze Palette der ausgezeichneten Weiß-, Rosé- und Rotweine der 120 Hektar großen Kellerei probieren. Ein lohnenswertes Ziel!

PERLA DEL GARDA
Via Fenil Vecchio 9
Lonato del Garda (BS)
Tel.: +39 030 9 10 31 09 / www.perladelgarda.it
Erst vor einigen Jahren entstand dieses auch architektonisch ansprechende Weingut, mit der ultramodernen Kellerei, die absolut sehenswert ist. Neben den klassischen Luganaweinen gibt es auch einen feinen Chardonnay und Spumanti.

CASCINA LA PERTICA
Loc. Picedo
Via Rosario 44
Polpenazze del Garda (BS)
Tel.: +39 0365 65 14 71 / www.cascinalapertica.it
Die 10 Hektar, vorwiegend Tonböden, des reizenden Weinguts werden voll und ganz auf biodynamische Weise bewirtschaftet. Nicht nur das Flaggschiff »Le Zalte«, ein Cabernet *in purezza,* begeistert durch Tiefe, Struktur und Frische.

COSTARIPA
Via Costa 1
Moniga del Garda (BS)
Tel.: +39 0365 50 20 10 / www.costaripa.it
Mattia Vezzola ist einer der berühmtesten Önologen Italiens und der Macher von Bellavista. Seit einigen Jahren betreibt er zudem das von seinem Großvater geerbte Weingut in Moniga! Seine Leidenschaft hier: Roséweine und -spumanti.

VALTÉNESI

CANTRINA
Fraz. Cantrina
Via Colombera 7
Bedizzole (BS)
Tel.: +39 030 6871052 / www.cantrina.it
Es ist eines der kleinsten Weingüter, aber mit Weinen, die in Erinnerung bleiben. Charmant geführt von Cristina Inganni und ihrem Mann Diego, der für den Keller zuständig ist. Köstlich unter anderen der Riné, eine interessante Weißweincuvée.

PASINI – SAN GIOVANNI
Fraz. Raffa
Via Videlle 2
Puegnago sul Garda
Tel.: +30 0365 65 14 19 / www.pasiniproduttori.it
Es ist ein Traditionsweingut, das geschmackvoll umgebaut wurde, insbesondere auch der Verkaufsraum. Herausragend ist ihr Groppello, ein Rotwein aus der hier heimischen Sorte, aber ungedingt verkosten: »100 % brut« ein Super-Spumante!

HIER GIBT ES GUTE OLIVENÖLE

Olivenbäume gibt es entlang des Lago di Garda schon immer, aber erst in den vergangenen Jahrzehnten hat man sich hier mehr und mehr auf die Gewinnung hochwertigster, aromatischer Olivenöle mit Hilfe modernster Technik besonnen. Heute finden Sie am nördlichen trentinischen Ufer, entlang der Ostküste und im Hinterland der südwestlichen Küste des Gardasees modernste Ölmühlen, die hervorragende aromatische Olivenöle produzieren. Hier einige davon:

TRENTINO

MADONNA DELLE VITTORIE
Via Linfano 81
38062 Arco (TN)
Tel.: +39 0464 50 54 32 / www.madonnadellevittorie.it

VENETO

COSTADORO

Bardolino (VR)
Via Costadoro 5
Tel.: +39 045 721 1668 / www.agriturismocostadoro.com

CONSORZIO OLIVICOLTORI MALCESINE
Via Navene 21
Malcesine (VR)
Tel.: +39 045 6 57 04 19 / www.oliomalcesine.it

BONAMINI
Via Santa Giustina 10
Illassi (VR)
Tel.: +39 045 6520558 / www.oliobonamini.com

BIO AZZURRA
Via Capovilla 54
Mezzane di Sotto (VR)
Tel.: +39 045 8880565 / www.bio-azzurra.com

ZYMÉ
Viale Europa 3
Negrar (VR)
Tel.: +39 045 7 50 13 05 / www.zyme.it

LOMBARDIA

COMINCIOLI
Via Roma 10
Puegnago del Garda (BS)
Tel.: +39 0365 65 11 41 / www.comincioli.it

FRANTOIO AVANZI
Via Treviasago, 19
Manerba del Garda (BS)
Tel.: +39 0365 55 10 13 / www.avanzi.net

TENUTA LE SELVE
Via Bossi 67
Salò (BS)
Tel.: +39 0365 40236 / www.tenutaleselve.com

CALVINO GUSTO SUPREMO
Via Calvino 4
Padenghe sul Garda (BS)
Tel.: +39 030 9 90 04 51 / www.calvingusto.it

VERZEICHNIS DER RESTAURANTS

TRENTINO

MARIO ZINO (MENÜ TRENTINO)
»La Scala«
Hamburg
Falkenried 54
Tel: 040 4206295 / www.ristorante-la-scala.com

»VILLA MADRUZZO«
Loc. Ponte Alto 26
Cognola – Trento (TN)
Tel.: +39 0461 98 62 20 / www.villamadruzzo.it

VENETO

ADA RIDOLFI (MENÜ VENETO)
»Enoteca della Valpolicella«
Via Osan 45
Fumane (VR)
Tel.: +39 045 6 83 91 46

RISTORANTE »AL CORSARO«
Via Paina
Malcesine (VR)
Tel.: +39 045 6 58 40 64 / www.alcorsaro.it

OSTERIA »AL PESCATORE«
Via Imbarcadero 31
Castelletto di Brenzone (VR)
Tel.: +39 045 7 43 07 02 / www.osteriaalpescatore.it

»LE GEMME DI ARTEMISIA«
Via Corrubio 18
Albisano di Torri di Benaco (VR)
Tel.: +39 045 7 22 57 64 / www.legemmediartemisia.it

»IL GIARDINO DELLE ESPERIDI«
Via Goffredo Mameli 1
Bardolino (VR) / Tel.: +39 045 6 21 04 77

»CROCE D'ORO«
Via Valentini 55
Volargne (VR)
Tel.: +39 045 7 73 23 55

»TRATTORIA LUISA«
Via Frassino 16
Peschiera del Garda (VR)
Tel.: +39 045 7 55 07 60

»ALLA BORSA«
Via Goito 2
Valeggio sul Mincio (VR)
Tel.: +39 045 7 95 00 93 / www.ristoranteborsa.it

RISTORANTE »CAVOUR«
Via Cavour 40
Dossobuono (VR)
Tel.: +39 045 51 30 38

RISTORANTE »LA TORRE«
Riseria Ferron
Via Torre Scaligera 9
Isola della Scala (VR)
Tel.: +39 045 730 10 22 / www.risoferron.com

»PERBELLINI« (ZWEI MICHELINSTERNE)
Via Muselle 130
Isola Rizza (VR)
Tel.: +39 045 7 13 53 52 / www.perbellini.com

314

LOMBARDIA

ENRICO PELLEGRINI (MENÜ LOMBARDIA)
Osteria »Antico Brolo«
Via Carere 10
Gardone (BS)
Tel.: +39 0365 2 14 21

OSTERIA »LA MINIERA«
Tignale-Gardola (BS)
Tel.: +39 0365 76 02 25 / www.gardaminiera.it

»ANTICA TRATTORIA ALLE ROSE«
Via Gasparo da Salò 33
Salò (BS)
Tel.: +39 0365 4 32 20 / www.trattoriaallerose.it

»Q. B. – QUANTO BASTA«
Via del Panorama 5/7
Salò (BS)
Tel.: +39 0365 52 04 21 / www.qbquantobasta.com

»FIOR DI LOTO«
Via di laghi 8
Puegnago del Garda (BS)
Tel.: +39 365 65 42 64 / www.ristorantefiordiloto.it

TRATTORIA »LA PEPOLA«
Via 1 Maggio 8
Calvagese (BS)
Tel.: +39 030 60 10 94

»FENIL CONTER«
Pozzolengo (BS)
Tel.: +39 030 9 91 60 52 / www.agriturismolepreseglie.com

»ANTICA LOCANDA DEL CONTRABBANDIERE«
Loc. Martelosio di Sopra 1
Pozzolengo (BS)
Tel.: +39 030 91 81 51 / www.locandadelcontrabbandiere.com

DANK

Nach »Gardasee – Eine Kulinarische Rundreise« ist dies sicherlich mein persönlichstes Buch. Und das vor allem deshalb, weil ich nicht nur geschrieben, sondern viele köstliche Speisen auf meiner Terrasse oder bei Freunden gekocht habe, bevor sie dann fotografiert und anschließend von meinen Gästen aufgegessen wurden.
Ich bedanke mich deshalb besonders bei der Fotografin Erica Petroni, die mit großer Leidenschaft meinen Gerichten ein mediterranes Flair verliehen hat, und Thilo Weimar, der den Zauber dieser wunderschönen Landschaft perfekt mit der Kamera eingefangen hat. Danke, dass Ihr mich auf meinen Touren zu schönen Läden oder Ristoranti begleitet und die Kreationen der Köche ins rechte Licht gesetzt habt. Ich finde, es ist euch super gelungen. *Complimenti!*

Danken möchte ich aber auch meinen Freunden Ella und Bert Wilden, Dr. Werner Netzberger und Mario Zini, die mir ihre Küchen und ihre wunderschönen Gärten zur Verfügung gestellt haben, um den Fotografen die Möglichkeit zu bieten, in verschiedenen Umgebungen zu fotografieren. Und natürlich auch meinem Sohn Dominik und seiner Freundin Nadine, die mithalfen, dass auch alle Speisen bis auf den letzten Krümel aufgegessen wurden.

Ein ganz besonderer Dank gilt meinem Freund Mario Zini, der in seiner knappen Freizeit das Trentino-Menü in seinem traumhaften Feriendomizil in Costermano zubereitet hat. Und ebenso *grazie mille* an Ada Riolfi, die das Veneto-Menü zusammengestellt und gekocht hat, und nicht zuletzt Enrico Pellegrini, der das Lombardia-Menü kreiert hat. Dankbar bin auch allen Küchenchefs und Köchinnen der Ristoranti und Trattorie der drei Regionen, die mir ihre Rezepte verraten haben und die *piatti* für die Fotografen zubereitet haben.

Für die ansprechende Optik sorgte meine Freundin Annette Kornmesser, eine profunde Grafikerin und ebenfalls Gardaseeliebhaberin, die meine Wünsche und Ideen perfekt umgesetzt hat. Dafür bin ich sehr dankbar!

Last but not least – mein allerherzlichstes Dankeschön an Frau Anja Heyne und Herrn Jürgen Welte von der Collection Rolf Heyne, die mir das Vertrauen entgegengebracht haben, dieses Lese-Kochbuch über meinen geliebten Gardasee zu verwirklichen. Ich fühlte mich die vielen Monate, die ich an dem Buch gearbeitet habe, immer allerbestens betreut!

REGISTER DER REZEPTE

ANTIPASTI

PRIMI

REGISTER

SECONDI

DOLCI

IMPRESSUM

www.collection-rolf-heyne.de

Texte und Rezepte: Monika Kellermann

Umschlag - und Layoutgestaltung: Annette Kornmesser, dworak & kornmesser, München

Fotografie: Erica Petroni: Seite 4 (ol, or, mr, ul), 8–9, 10, 13 (alle), 15 (alle), 16 (alle), 19, 24, 25, 26, 27, 28 (alle), 30, 31 (alle), 36, 37, 39, 40, 42, 43, 46, 48, 53, 54, 55, 57, 58, 59, 60, 62, 63, 70, 73, 74, 76, 80, 83, 85, 88, 91, 92, 97, 100, 102, 103, 105, 106, 110, 112, 113 (alle), 114, 115, 117, 119, 120, 121, 126, 127, 131, 133, 137, 140, 142, 143, 144, 146, 147, 148, 150, 151, 152, 155, 156, 157, 165, 167, 171, 173, 175, 184, 185, 187, 188, 194, 197, 199, 204, 205 (ul, ur), 206, 213, 220, 225, 226, 229, 231, 245, 250, 253, 263, 264, 265, 268, 270, 271, 273, 279, 280, 283, 312; Thilo Weimar: Seite 2–3, 4 (ml, ur), 6 (alle), 20–21, 23, 32–33, 34, 38, 44–45, 49, 50, 64–65, 66, 68, 69, 77, 78, 94, 95, 98–99, 122, 123, 124, 128, 134, 138–139, 149, 158, 159, 160–161, 162, 169, 172, 178, 180, 181, 182–183, 190, 193, 200–201, 208, 210, 211, 214, 215, 217, 218, 219, 222–223, 224, 232–233, 234, 236, 237, 239, 240, 241, 242–243, 246, 249, 254–255, 256, 258, 259, 261, 266, 267, 274–275, 276, 284, 285, 286–287, 288, 289, 291, 292–293, 294 (alle), 297 (alle), 2988 (alle), 300, 303, 304, 307, 308, 310–311, 314, 316; Monika Kellermann: Seite 82, 87, 90, 96, 176, 230, 282; Udo Bernhart: Seite 108–109, 125; Dominik Kellermann: 202, 205 (o).

Lithografie: Lorenz & Zeller, Inning am Ammersee

Druck und Bindung: Printer Trento, Trento

Printed in Italy

ISBN 978-3-89910-493-6